Dolomiten 2

Seiser Alm, Schlerngebiet

Franziska Baumann

Karten-
Legende
auf den
Umschlag-
klappen

KOMPASS

Wanderführer

Impressum

© 2017 KOMPASS-Karten, A-6020 Innsbruck (17.04)

4. Auflage 2017 Verlagsnummer 5740 ISBN 978-3-85026-395-5

Text und Fotos: Franziska Baumann
Titelbild: Auf der Seiser Alm (Bildagentur Dr. Wagner/Marco)
Bild S. 4/5: Seiser Alm mit Schlern

Grafische Herstellung: wt-BuchTeam, Garching a.d.Alz
Wanderkartenausschnitte: © KOMPASS Karten GmbH

KOMPASS-Karten GmbH
Karl-Kapferer-Straße 5
A-6020 Innsbruck
www.kompass.de/service/kontakt

Franziska Baumann

Was macht die Seiser Alm für Sie so besonders?

Die Hochfläche der Seiser Alm ist ein riesiges Amphitheater, das mit immer neuen Ausblicken überrascht. Jedes Mal wieder staune ich über die gegensätzlichen Landschaftsformen. Je nach Lust und Laune geht es auf Almentournee zu Speckknödel und Apfelstrudel oder hinauf in felsiges Terrain mit luftigen Drahtseileinlagen. Am schönsten ist die Seiser Alm im Frühsommer, wenn die Natur aus ihrem Winterschlaf erwacht und sich die Wiesen in einen farbenprächtigen Blütenteppich verwandeln. Auch der Herbst hat seinen Reiz. Das weite Plateau ist noch sonnenüberflutet. Lärchen lodern im goldgelben Gewand. Die tief stehende Sonne setzt mit ihrem Licht- und Schattenspiel die Dolomitengipfel wirkungsvoll in Szene. Logenplätze, um dieses Naturschauspiel zu genießen, gibt es mehr als genug.

Vorwort

Der Rücken lehnt an sonnenwarmen Holzbalken. Ein Glas Rotwein leuchtet in der Sonne. Der Geruch von würzigem Speck steigt in die Nase. Langsam wandert der Blick über die grünen Almböden, die in sanften Wogen an die Felsen der Dolomitengipfel branden. Wolken malen schwarze Schattenmuster auf die Wände von Lang- und Plattkofel. Wie ein zu Stein gewordenes Urzeittier schmiegt sich der Schlern ins Wiesenmeer.

Die Seiser Alm ist eine Wanderregion für Genießer. Auf bequemen Almwegen taucht man in eine jahrhundertealte Kulturlandschaft ein und durchstreift die mit sonnengebräunten Heustadeln getupften Wiesenhänge. Herrliche Panoramaplätze laden dazu ein, die Zeit zu vergessen. Auf aussichtsreichen Steigen hinauf in die Felsregion kommen auch geübte Alpinisten auf ihre Kosten. Eine Etage tiefer, rund um die sonnig gelegenen Urlaubsorte Kastelruth, Seis und Völs, schicken geheimnisvolle Burgruinen den Wanderer auf eine Zeitreise ins Mittelalter, spaziert man im kühlen Schatten ausgedehnter Wälder und erkundet Südtiroler Bauernland. Das leibliche Wohl kommt auf keiner Wanderung zu kurz. Ob gemütliche Alm, schön gelegenes Berggasthaus oder urige Buschenschank – Spezialitäten aus der Südtiroler Küche machen den Wandergenuss perfekt.

Erlebnisreiche Bergtage in dieser vielseitigen Region wünscht

Franziska Baumann

Inhalt

Länge (in Kilometern)	Höhenmeter Aufstieg	Höhenmeter Abstieg	Parkplatz	öffentliche Verkehrsmittel	Aufstiegshilfe	Abstiegshilfe	Einkehr	Übernachtungsmöglichkeit	Gipfel	Schwindelfreiheit erforderlich	Kinderwagentauglich	Kinderfreundlich	Fahrradtauglich	kulturelle Highlights	für Allergiker geeignet	Bademöglichkeit	mit Panoramablick	Rundtour
2	70	70	●	●	●	●	●	●	–	–	●	●	–	–	●	–	●	●
10,75	760	1180	●	●	●	o	●	–	●	–	–	o	–	–	o	–	●	●
7,75	320	320	●	●	●	–	●	●	●	–	–	●	–	–	o	–	●	●
12	350	540	●	●	–	–	●	–	●	–	–	●	–	–	o	–	●	●
11	800	380	●	●	–	●	●	●	–	–	–	o	–	–	o	–	●	●
16	550	550	●	●	●	●	●	●	–	–	–	o	–	–	●	–	●	●
7,5	960	960	●	●	●	●	●	●	●	o	–	–	–	–	●	–	●	–
17	590	770	●	●	●	●	●	●	–	–	–	o	–	–	o	–	●	●
8,25	190	370	●	●	–	–	●	●	–	–	–	●	–	–	–	–	●	●
12,5	480	480	●	●	–	●	●	–	–	–	–	●	–	–	–	–	●	●
18,5	1060	1060	●	●	–	●	●	●	●	–	–	o	–	–	o	–	●	●
15,5	970	1650	●	●	●	–	●	●	●	●	–	–	–	–	o	–	●	–
7,25	610	610	●	●	–	–	●	–	–	–	–	o	–	–	o	–	–	●
6	220	220	●	●	–	–	–	–	–	–	–	●	–	●	o	–	o	●
11,75	430	430	●	●	–	–	●	●	–	–	–	●	–	●	–	–	●	●
6	140	280	●	●	–	–	●	●	–	–	–	●	–	–	–	●	–	–
7,25	460	460	●	●	–	–	●	●	–	–	–	●	–	–	o	●	●	●
15,25	1400	1400	●	●	–	–	●	●	●	●	–	–	–	–	o	●	●	o
10,25	390	390	●	●	–	–	●	–	–	–	–	●	–	●	–	–	o	●
8	730	730	●	–	–	–	●	●	●	–	–	●	–	–	o	–	●	●
18	910	1740	●	●	–	–	●	●	●	●	–	–	–	–	o	–	●	–

● Schwierigkeitsgrad ● Ja o Bedingt – Nein

Das Gebiet

Über 52 Quadratkilometer erstrecken sich die Wiesen der Seiser Alm. Oder anders gesagt: 8000 Fußballfelder würden dort Platz finden. Damit ist das weitläufige Almgebiet in den westlichen Ausläufern der Dolomiten die größte Hochalm Europas. Sie liegt auf einer Höhe zwischen 1850 m und 2350 m. Angenehme Temperaturen im Hochsommer und fantastische Ausblicke sind deshalb garantiert.

Das Almplateau fällt im Norden steil ins Grödnertal ab. Auf seiner Süd- und Ostseite wird es von schroffem Dolomitgestein eingerahmt: Schlern, Rosengarten, Plattund Langkofel bilden eine faszinierende Felskulisse. Im Westen erstreckt sich eine hügelige Mittelgebirgsterrasse mit den Dörfern Kastelruth, Seis und Völs, die vom schluchtartig eingeschnittenen Eisacktal begrenzt wird. Einige Sessellifte erschließen das Gebiet. So können herrliche Panoramaplätze bequem erreicht und längere Touren verkürzt werden. Rund 365 Almen, Schwaigen und Hütten liegen auf den Wiesenhängen verstreut. Viele sind für Wanderer bewirtschaftet und tischen manches schmackhafte Schmankerl auf.

Ursprünglich war das Gebiet der Seiser Alm von dichten Wäldern bedeckt. Bajuwaren, die ab dem 6. Jh. das heutige Südtirol besiedelten, begannen, durch Brandrodung Weiden für ihre Viehherden zu gewinnen. Anfang des 14. Jhs. wird die Seiser Alm erstmals urkundlich erwähnt. Bereits um 1480 regelte eine Almwirtschaftsordnung die Nutzung der Wälder und Weiden. Über Jahrhunderte wurden die Almwiesen naturnah bewirtschaftet, d.h. einmal im Jahr gemäht und nicht gedüngt. So entwickelten sich die charakteristischen Magerrasen mit ihrer Artenvielfalt. Jedes Jahr im Hoch-

KOMPASS INFO

Naturpark Schlern-Rosengarten
Er wurde 1974 eingerichtet und ist Südtirols ältester Naturpark. 2003 erweiterte man ihn um das nordwestliche Gebiet des Rosengarten. Seitdem umfasst er 6796 ha und stellt außerdem das Massiv des Schlern, den südwestlichen Teil der Seiser Alm und das Tschamintal unter Schutz. Eine Besonderheit des Naturparks sind geologische und klimatische Unterschiede auf engstem Raum, die zu einer Vielzahl von Lebensräumen führen. So konnte sich eine große Artenvielfalt in der Tier- und Pflanzenwelt entwickeln. Botanisch besonders wertvoll sind endemische Pflanzenarten, die die Eiszeit auf gletscherfreien „Inseln" wie beispielsweise dem Schlern überlebt haben.

Ein Naturparkhaus befindet sich in Weißlahnbad nahe Tiers (Tel. 0471/642196, geöffnet Anf. Juni – Anf. Okt., Di – Sa 9.30-12.30 Uhr und 14.30-18 Uhr, Juli/Aug auch So).

Das weitläufige Schlernplateau mit dem Rosengarten im Hintergrund.

sommer zog ein großer Teil der Bevölkerung auf die Alm hinauf. Ein Bericht aus dem Jahr 1600 erzählt von 4000 Männer und Frauen, die vier bis fünf Wochen in den Schwaighütten verbrachten, um die Wiesen zu mähen und das Heu in die Stadel zu bringen. Im Winter wurde es auf Schlitten ins Tal transportiert.

Neben der traditionellen Bewirtschaftung ist die außergewöhnlich artenreiche Flora den geologischen Gegebenheiten zu verdanken.

Auf der Seiser Alm und im Schlerngebiet treffen unterschiedliche Gesteinsarten und Böden zusammen. Während der Eiszeit ragte das Schlernmassiv wie eine Insel aus den Gletscherströmen, so dass dort manche Pflanzenarten die Kälteperiode überlebten. Im 19. Jh. genoss die Seiser Alm einen Ruf als schönstes Bergblumenparadies Europas und wurde von vielen Botanikern aufgesucht. Touristische Erschließungen und intensive landwirtschaftliche Nutzung veränderten jedoch die Tier- und Pflanzenwelt. Mit Gründung des Naturpark Schlern-Rosengarten stellte man die noch intakten Gebiete der Seiser Alm unter Schutz. Heute ist die ursprüngliche Flora vor allem in den Randbereichen der Hochfläche zu finden.

Wer rund um die Seiser Alm unterwegs ist, hat ihn fast immer im Blick: den Schlern. Mit seinem weiten Gipfelplateau, den wilden Felsschluchten, imposanten Wänden und Türmen ist er ein faszinierender Berg, der zu einem Wahrzeichen Südtirols wurde. Sein bekanntes Profil, ein langgestreckter Rücken mit den beiden Felsfingern der Santnerspitze und

KOMPASS INFO

Wie komme ich am besten auf die Seiser Alm?

Die Straße zur Seiser Alm ist von 9 bis 17 Uhr für den Verkehr gesperrt. Wer sich außerhalb dieser Zeit entschließt, mit dem eigenen Auto nach Kompatsch hinaufzufahren, muss dort mit einer hohen Parkgebühr rechnen.

Als Alternative bieten sich der Seiser-Alm-Express-Bus von Kastelruth oder die Seiser-Alm-Umlaufbahn mit Talstation bei Seis an. Die Seilbahn gilt als eine der modernsten Anlagen ihrer Art in Europa. Bis zur Bergstation in Kompatsch überwindet sie 800 Höhenmeter und eine Strecke von 4,3 Kilometer in 15 Minuten.

Besucher, die auf der Seiser Alm eine Unterkunft gebucht haben, erhalten eine Sondergenehmigung für die Auffahrt mit ihrem Pkw.

der Euringer Spitze, ist von Westen, vom Bozener Talkessel aus, zu erkennen. Der Berg regte seit jeher die Fantasie der Menschen an und ist Schauplatz vieler Sagen. Die bekannteste ist die der Schlernhexen, die sich auf dem Schlern getroffen und manches Unwetter zusammengebraut haben sollen. Fundstücke wie Kohlereste, verbrannte Knochen und Keramikbruchstücke lassen vermuten, dass sich im Norden der Schlernhochfläche, in der Nähe des Burgstalls, eine Kultstätte aus der Bronzezeit befand.

Zu Füßen des mächtigen Schlernmassivs sind die Ortschaften Kastelruth, Völs und Seis, verstreute Höfe und kleine Weiler in ausgedehnte Waldgebiete und sanft gewellte Wiesenlandschaft eingebettet. Verschiedene Funde zeigen, dass Menschen die sonnige Mittelgebirgsterrasse bereits in vorgeschichtlicher Zeit schätzten und dort siedelten. Später zogen die Römer durch und errichteten mittelalterliche Burgherren ihre zinnenbewehrten Bauten. Als 1887 eine Straße von Waidbruck im Eisacktal über Kastelruth und Seis nach Bad Ratzes eröffnet wurde, entwickelte sich die aussichtsreiche Hochfläche zu einem bekannten Erholungsgebiet und Ausflugsziel. Auch Künstler und Adelige waren unter den Besuchern – vom König Friedrich August von Sachsen und Vertretern des russischen Hochadels bis hin zu Schriftsteller Carl Zuckmayr und Dirigent Arturo Toscanini. Bis heute ist das Gebiet eine der beliebtesten Wander- und Urlaubsregionen Südtirols.

Wie hier am Pitzberg ist die Seiser Alm gut ausgeschildert.

Felsiges Geschwisterpaar: Langkofel und Plattkofel.

Orte, Sehenswürdigkeiten und Ausflugsziele

Vorwahl für Italien: 0039 (die Null bei der Ortsvorwahl wird mitgewählt)

Kastelruth
1060 m, Hauptort auf der Hochfläche unter dem Schlern, Heimat der Kastelruther Spatzen, einer bekannten volkstümlichen Musikgruppe; hist. Ortskern mit einem der höchsten Kirchtürme Südtirols, 325 Stufen (88 m); Kalvarienberganlage auf dem Porphyrfelsen Kofl, über einen Wallfahrtsweg zu erreichen; Bauernmuseum am Tschötscherhof in St. Oswald unterhalb von Kastelruth (täglich außer Mittwoch geöffnet)
Tourismusbüro Kastelruth, Tel. 0471/706333, www.kastelruth.com

Kompatsch
1844 m, Hotelsiedlung am Westrand der Seiser Alm, Bergstation der Seiser-Alm-Bahn, Ausgangspunkt für Wanderungen auf der Seiser Alm; „Tschonstoan" östlich von Kompatsch, ein Findling aus der Eiszeit, archäologische Funde belegen dort den Aufenthalt steinzeitlicher Jäger um 12000 v. Chr.
Tourismusbüro Seiser Alm, Tel. 0471/727904, www.seiseralm.net

Seis am Schlern
994 m, beliebtes Urlaubsdorf auf dem sonnigen Hochplateau unter der Santnerspitze; Ruine Hauenstein aus dem 12. Jh., im 15. Jh. im Besitz des Minnesängers Oswald von Wolkenstein; Kirchlein St. Valentin mit Wandgemälden aus dem 14. und 15. Jh.
Tourismusbüro Seis, Tel. 0471/707024, www.seis.it

Völs am Schlern
859 m, Feriendorf am Fuß des Schlernmassivs, Heubadtradition seit 1903; Pfarrmuseum in der Friedhofskapelle, kirchliche Kunst und archäologische Funde aus dem Schlerngebiet (mit Führung zu besichtigen); Völser Weiher, ausgezeichnet als einer der saubersten Badeseen Italiens.
Tourismusbüro Völs, Tel. 0471/725047, www.voels.it

Schloss Prösels
1279 erstmals erwähnt, im Jahr 1500 von Leonhard von Völs im Renaissancestil umgebaut und erweitert; in den Sälen schöne Fresken, Waffensammlung, im Sommer Konzerte und Ausstellungen (Besichtigung mit Führung von Mai – Okt., täglich außer Samstag)
www.schloss-proesels.it

Tourismusverband Seiser Alm Marketing, Dorfstr. 15, 39050 Völs am Schlern, Tel. 0471/709600, *www.seiseralm.it*

Schloss Prösels.

Hütten

Dibaita-Puflatschhütte
1950 m, privat, 34 Schlafplätze, Tel. 0471/729090 oder 338/7043585, bew. Pfingsten – Ende Oktober u. Anf. Dez. – Sonntag nach Ostern
www.dibaita-puflatschhuette.com

Langkofelhütte
2253 m, CAI, 69 Schlafplätze, Tel. 0471/792323 oder 335/6279567, bew. Anf. Juni – Anf. Oktober, www.rifugiovicenza.com

Mahlknechthütte
2054 m, privat, 36 Schlafplätze, Tel. 0471/727912, bew. Mitte Mai – Ende Okt. und Weihnachten – Ostern
www.mahlknechthuette.com

Plattkofelhütte
2297 m, privat, Zimmer u. Lager, Tel. 0462/601721 oder 328/8312767, bew. Juni – Mitte Oktober
www.plattkofel.com

Seis und Kastelruth vom Schlern.

Schlernhaus
2450 m, CAI, 120 Schlafplätze, Tel. 0471/612024 (Hütte) oder 0471/724094 (Tal), bew. Anf. Juni – Anf. Oktober, www.schlernhaus.it

Tierser-Alpl-Hütte
2440 m, privat, 70 Schlafplätze, Tel. 0471/727958 (Hütte) oder 0471/707460 (Tal), bew. Anf. Juni – Mitte Oktober
www.tierseralpl.com

Tschafonhütte
1733 m, privat, 16 Schlafplätze, Tel. 347/8131152, bew. Ende April – Sonntag nach Allerheiligen
www.schutzhaus-tschafon.com

Seilbahn/Sessellift

Sessellift Florian
Tel. 0471/729340, Ende Juni – Mitte Oktober 9-17 Uhr, Ende Juli – Anf. September 9-17.30 Uhr
www.florianlift.it

Sessellift Marinzen
Tel. 0471/707160, Mitte Mai – Mitte Oktober 9-17 Uhr

Sessellift Panorama
Tel. 0471/727816, Ende Mai – Mitte Oktober 8.30-17 Uhr, Mitte Juli – Mitte September 8.30-18 Uhr
www.panoramaseiseralm.info

Telemix Puflatsch
Tel. 0471/727822, Mitte Juni – Mitte Oktober 9-17 Uhr

Seiser-Alm-Bahn
Tel. 0471/704270, Ende Mai – Mitte September 8-19 Uhr, Mitte September – Anfang Nov. 8-18 Uhr
www.seiseralmbahn.it

Unsere schönsten Touren

Legende

- Kilometerangabe
- Höhenmeter (Auf- und Abstieg)
- Gehzeit
- Für Kinder geeignet
- Einkehrmöglichkeit
- Bergbahn/Gondel
- Sessellift
- Wichtige Information
- KOMPASS Highlight

Kartenlegende auf den Umschlagklappen

Die Seiser Alm und ihre Umgebung ist ein wahres Wanderparadies. Ein ausgedehntes Wegenetz bietet Touren für jeden Geschmack und jedes Können – von der gemütlichen Genusswanderung bis zur anspruchsvollen Bergroute. Bequeme Wege laden zum beschaulichen Bummel über die Seiser Alm ein.

Einen guten Überblick über ihre unterschiedlichen Facetten gibt der neu angelegte Hans-und-Paula-Steger-Weg. Liebhaber außergewöhnlicher Panoramaplätze werden das Plateau des Puflatsch ins Herz schließen. Lang, aber gespickt mit landschaftlichen Höhepunkten ist die Umrundung von Lang- und Plattkofel. Am Fuß des Schlern geht es auf dem Oswald-von-Wolkenstein-Weg auf Entdeckungsreise ins Mittelalter. Auch Gipfelstürmer kommen auf ihre Kosten: Sie können den Plattkofel über seine markante Felsflanke erklimmen oder den Rundblick von der Schlernhochfläche genießen. Wer es gerne felsig unter den Sohlen mag, wird sich am Maximilianklettersteig wohlfühlen. Ganz gleich, für welche Tour man sich entscheidet: Immer wird man einen Rucksack voll gepackt mit unvergesslichen Eindrücken mitbringen.

Schwierigkeitsbewertung

Blau
Leichte Wanderungen auf gut angelegten Wegen ohne echte Gefahrenstellen. Sie verlaufen überwiegend mäßig steil. Kurze, kräftige Steigungen sind jedoch nicht auszuschließen. Die Routen sind gut ausgeschildert und markiert und auch für Wanderer mit wenig Bergerfahrung geeignet.

Rot
Diese Wege und Steige führen in alpines Gelände und sind teilweise steil und felsig. Trittsicherheit und etwas alpine Erfahrung werden vorausgesetzt. Kurze Passagen können ausgesetzt sein und ein gewisses Maß Schwindelfreiheit verlangen. Größere Höhenunterschiede verlangen Ausdauer.

Schwarz
Anspruchsvolle Touren in felsdurchsetztem Gelände, die Trittsicherheit, Schwindelfreiheit und Kondition erfordern. Sie sind nur bergerfahrenen Wanderern zu empfehlen. Längere Wegabschnitte sind ausgesetzt und mit Drahtseilen gesichert. Sicheres Gehen in felsigem und schrofigem Gelände sowie entsprechende Ausrüstung sind Voraussetzung.

1. „Hexenquellen“, Barfuß-Erlebnisweg

„Raus aus den Schuhen“

Ausgangspunkt: Tirler in Saltria | **Charakter:** leicht und problemlos, besonders für Kinder geeignet. Sehenswert: verschiedene Naturerlebnisse, das Naturdenkmal „Schwefelquelle“, mystische Figuren, einzigartige Waldlichtungen | **Einkehr:** Tirler in Saltria
Karte: KOMPASS Nr. 59

GPS-Koordinaten/Ausgangspunkt: UTM = x: 704546 m Zone 32T = y: 5155354 m

Leicht | 2 km | 70 hm 70 hm | 1:30 Std.

Schon vor einigen Jahren entstand die Idee, einen Barfußweg mit Erlebnischarakter in freier Natur zu schaffen. Es sollte ein Wanderpfad entstehen mit dem Ziel, den Menschen die Natur und ihre große Vielfalt näher zu bringen. Die Faszination „Natur hautnah erleben“ ist hier einzigartig, da der gesamte Erlebnisweg auf der Seiser Alm, der größten Hochalm Europas von durchdringender Bedeutung ist: Nachhaltig erlebbare Erholung in naturbelassener Landschaft. Die, inmitten des sagenumwobenen „Bosch Curasoa“ (der Wald wird nach dem lateinischen „curare“=„sich dafür sorgen-heilen“ benannt) in „Saltria“, gelegenen Schwefelquellen bilden dazu eine besondere Attraktion mit mystischem, kulturellem und geschichtlichen Hintergrund. Das Quellwasser bietet so manchem müden Wanderer Erfrischung, es wird von verdauungsfördernden, hautwirksamen, Gelenke stärkenden und anderen volksheilkundlichen Wirkungen berichtet. Die schwefelhaltigen Quellen stellen eines der vielen erlebnisreichen Naturdenkmäler dar, an denen der **Barfußweg** unmittelbar vorbei führt. Auch von Hand geschnitzte Figuren, Landart-Gebilde, Steinmonumente, Sumpflandschaften, Waldlichtungen und besondere Gaben der Natur säumen den

Die Tirler Hütte.

Pfad. Sie machen aufmerksam auf die Schätze des Gebietes und den Lebensraum vieler Tier- und Pflanzenarten.

Mit der Unterstützung der Familie Rabanser vom Tirler reifte die Idee, den „Hexenquellen" **Barfuß- und Erlebnisweg** zu bauen und damit ein einzigartiges Erlebnis für Groß und Klein aus Nah und Fern werden zu lassen. Der Weg ist für Kinder als ein Erlebnisweg gestaltet, an dem sie sich spielerisch auf Spurensuche begeben und Natur pur begreifen dürfen. Gleichzeitig bietet die Natur-Anlage Erwachsen und Familien Anregung zu erhöhter Aufmerksamkeit. Dies bedeutet Forschung für alle Sinne: Riechen, Hören, Schauen, Fühlen, Schmecken und gleichzeitig Kraft spüren, Erholung finden, gemeinsam Spaß erleben und Natur tanken. An verschiedenen Stationen regt er zum Innehalten und Nachdenken an. Der direkte Kontakt zum feuchtduftenden Waldboden wirkt kühlend und belebend. Der Reiz, den Weg barfuß zu beschreiten, erhöht seine magische und inspirierende Wirkung auf den Besucher und schärft seine Wahrnehmung. Er wird vom Rauschen des Baches und den typischen Lauten des tiefen Waldes durchdrungen. Die Hexe „Curandina" mit ihrer weisen Eule „Emma" begleitet alle Besucher, die den Weg durchwandern. Umfasst einen Rundgang von über 2km.

Wegbeschreibung: Der Weg beginnt beim Tirler in Saltria. Er ist nicht mit einer herkömmlichen Markierung gekennzeichnet, sondern man trifft von Zeit zu Zeit die Hexe „Curandina", die den Wanderern den Weg weist. Verschiedene Naturerlebnisse, wie das Naturdenkmal „die Schwefelquellen", einzigartige Waldlichtungen und vieles mehr gibt es dabei zu bewundern. Der Weg verläuft durchwegs beinahe eben und ist für die Großen und Kleinen sehr zu empfehlen.

Die Hexe „Curandina".

Die Schwefelquellen.

2. Hexenbänke am Puflatsch, 2174 m

Sagenhafter Aussichtspunkt

Ausgangspunkt: Bergstation des Sessellifts Marinzen, 1486 m, Parkplatz an der Talstation in Kastelruth | **Bus/Bahn:** Mit der Bahn nach Brixen oder Bozen, von dort Busverbindung nach Kastelruth
Charakter: Teilweise steiler, aber unschwieriger Anstieg, Trittsicherheit ist dennoch von Vorteil. Mit dem Sessellift lässt sich der sonst lange Aufstieg verkürzen | **Einkehr:** Marinzenhütte (Spielplatz und Streichelzoo), Schafstall, Arnikahütte | **Karte:** KOMPASS Nr. 59
GPS-Koordinaten/Ausgangspunkt: UTM = x: 697849 m Zone 32T = y: 5159545 m

Mittel | 10,75 km | 760 hm / 1180 hm | 5 Std.

Die Schlernhexen haben einen außergewöhnlichen Platz als Treffpunkt auserkoren. An der Abbruchkante des Puflatschplateaus sollen sie sich versammelt haben, um mit lautem Getöse über die Seiser Alm zum Schlern zu fliegen. Auf den Hexenbänken, wie Sessel geformten Felsstufen aus Porphyr, haben sie es sich dabei bequem gemacht. Beim Aufstieg zum Puflatsch wird sich mancher wünschen, über Flugkünste zu verfügen, doch das Panorama entschädigt für vergossene Schweißtropfen.

Die Tour startet an der Bergstation des Sessellifts **Marinzen**. Wer die ersten Höhenmeter zu Fuß zurücklegen will, geht bei der Sessellift-Talstation über den Parkplatz auf Steig Nr. 4. Er führt über die Wiesen hinauf zur Bergstation eines Skilifts. Dort folgt man einem Sträßchen 300 m nach links, bis rechts wiederum ein Wanderweg beginnt (Mark. 4A). Er windet sich in Kehren, Sessellift und Skipiste querend, den bewaldeten Hang hinauf und trifft mit dem Weg 11A zusammen. Links gelangt man auf das Plateau mit der Marinzenhütte. Östlich der Bergstation zweigt ein Waldweg Richtung „Schafstall, Puflatsch“ ab (Mark. 9). Er führt ohne nennenswerten Höhenunterschied zur kleinen Lichtung mit der **Schafstallhütte**, einer gastfreundlichen Einkehr, die man sich für den Rückweg merken sollte. Von der Hütte blickt man zu den waldigen Abhängen des Puflatsch hinauf, die es nun ziemlich steil zu

KOMPASS INFO

Abstiegsvariante: Von der Arnikahütte geht man wie bei Tour 2 zur Puflatschhütte-Dibaita. Unterhalb des Berggasthofes beginnt Steig 12B, der steil zum Seiser-Alm-Steig (Mark. 12) hinableitet. Man biegt rechts ein und kehrt, die Hänge querend, zur Bergstation Marinzen zurück (2,25 Std.).

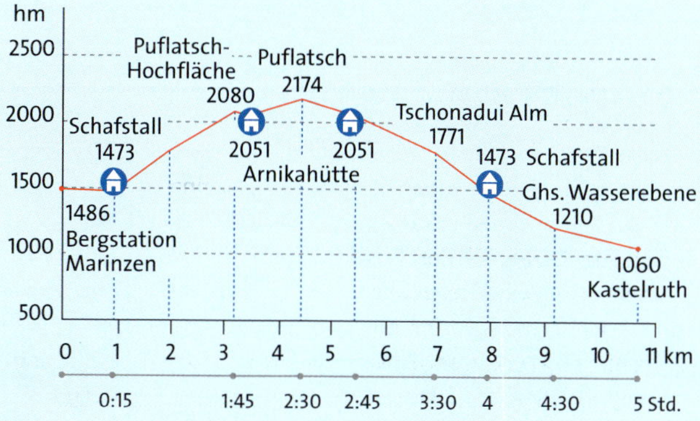

erklimmen gilt. An der Alm vorbei, folgt man dem Wegweiser „Puflatsch" nach rechts am Zaun entlang (Mark. 8) und taucht wieder in den Wald ein. Zügig gewinnt man an Höhe und erreicht nach Norden die (unbewirtschaftete) **Tschonadui Alm**. Nun gewährt der Wegverlauf eine kleine Verschnaufpause: Etwas flacher beschreibt er einen weiten Rechtsbogen, bevor es noch einmal steil zur Hochfläche hinaufgeht. Dort trifft man auf den Puflatsch-Rundweg, der links in wenigen Minuten zur **Arnikahütte** führt. Nun hat man sich eine Stärkung verdient. Vom Berggasthaus leitet ein Steig nordwärts zum Aussichtspunkt Goller Kreuz und am Rand des Plateaus entlang zu den **Hexenbänken**. Wenige Meter weiter ist man am höchsten Punkt des **Puflatsch**.

Bis zur **Schafstallhütte** erfolgt der Abstieg auf demselben Weg. Dort folgt man dem Schotterweg unterhalb der Hütte bergab und steigt nach 10 Min. rechts auf einem Waldsteig Richtung „Kastelruth" ab (Mark. 8), abzweigende Trampelpfade ignorierend.

Nach ca. 5 Min. befinden sich rechts im Wald unterhalb einer Rastbank die Hexenstühle, zwei Felssessel, bei deren Entstehung ebenfalls Zauberkräfte im Spiel gewesen sein sollen. Der Steig leitet hinunter zu einer Fahrstraße, wo man eine Kehre abkürzen kann. Dann folgt man ihr hinunter zum Sportplatz mit dem **Restaurant Wasserebene**. Dort hält man sich links und wandert über Tiosels hinab nach **Kastelruth**.

Sonnenbaden auf der Marinzenhütte mit Blick auf den Schlern.

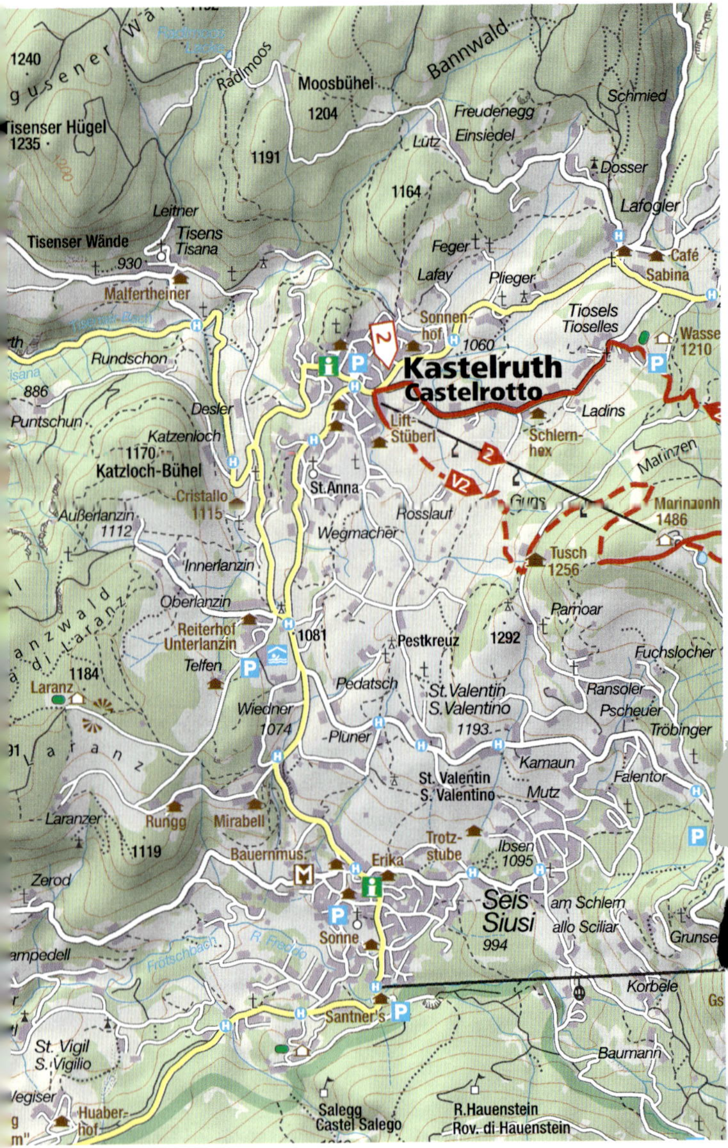

KOMPASS

0 350 m

Panider Sattel
Passo Pinéi
1443
Latsch
Panider
Stufleser
Höfe
Polz
1216
St. Michael
St. Michael
S. Michele
1283
Fizid
Saxell
1429
Hotel
Tianes
Plungg
Baumwirt
Goll
Marzun
Graf
Moandl
Ritsch
Pinter
Zerund
Rabis
Scherlin
Albion
M a r e s a n e s
Furceles
1975
Tschonadui Hütte
Hexen-
stühle
1473
Schafstall
Puflatsch
Bullaccia
Hexenbänke
Gollerkreuz
2104
2174
Fillner Kreuz
S c h a f s t a l l
Arnikahütte
2051
Pedem
Dosser
Schwaige
2120
P u f l a t s c h a l m
M o n t d e B u l a c i a
2130
2025
2119
Engel-
rast
Puflatsch
2119
B o c i a
Puflatschhütte
Dibaita
1950
Heisspöck
1753
Kompatsch
Compaccio
1844
Unternon Wiesen
1706
Schmung
1811
Seiser Alm-Bahn
Pedrutsch
Gstatsch
1460
Frommer-Haus
1720
Seelaus
1769
Mignon-
Sabina
Santner
Rungger
Schwaige

1: 35 000

3. Puflatschrunde

Panoramablick und Blütenpracht

Ausgangspunkt: Bergstation der Seiser-Alm-Bahn, 1844 m, in Kompatsch. Talstation mit großem Parkplatz am südlichen Ortsrand von Seis. Parkplatz (gebührenpfl.) auch in Kompatsch, die Straße zur Seiser Alm ist aber von 9-17 Uhr für den Verkehr gesperrt. Busverbindung von Kastelruth und Seis nach Kompatsch | **Bus/Bahn:** Mit der Bahn nach Brixen oder Bozen, von dort Busverbindung nach Seis | **Charakter:** Aussichtsreiche Familienwanderung auf gut begehbaren Fahr- und Bergwegen | **Einkehr:** Ghs. Puflatsch, Arnikahütte, Puflatschhütte-Dibaita | **Karte:** KOMPASS Nr. 59

GPS-Koordinaten/Ausgangspunkt: UTM = x: 700665 m Zone 32T = y: 5157640 m

Leicht | 7,75 km | 320 hm / 320 hm | 3:15 Std.

Bei einer Rundwanderung über die Hochfläche des Puflatsch im Nordwesten der Seiser Alm kommen Genießer auf ihre Kosten. Das großartige Dolomitenpanorama, gemütliche Berggasthäuser und idyllische Almwiesen, die sich im Frühsommer in einen bunten Blütenteppich verwandeln, lassen kaum Wünsche offen.

Bei der Bergstation der Seiser-Alm-Bahn in **Kompatsch** hält man sich links Richtung „Puflatsch" und folgt dem Sträßchen am neuen Fünf-Sterne-Hotel Alpina Dolomites vorbei bergauf. Nach einem kurzen Flachstück zweigt rechts ein Steig ab und führt über die Wiesen hinauf zum **Gasthaus Puflatsch** und zur Bergstation des gleichnamigen Lifts. Will man die ersten Höhenmeter bequem in einer Gondel hinaufschweben, geht man in Kompatsch geradeaus in die Senke mit der Talstation der Kabinenbahn hinab.

Von der **Bergstation des Puflatschlifts** wandert man auf einem Fahrweg nach Norden, hält sich an einer Verzweigung links und gelangt anschließend geradeaus auf einen breiten Wanderweg. Er führt ziemlich flach mit herrlichem Blick auf das felsige Geschwisterpaar Lang- und Plattkofel, die steinerne Bastion der Sella und die schroffen Gipfel der Geisler- und Puezgruppe über die Hochfläche zum **Fillner Kreuz**, wo der Blick ins Grödner Tal hinabfällt. Nun leitet der Rundweg links (westlich) am Nordrand des beinahe senkrecht abbrechenden Plateaus entlang sanft ansteigend und mit einem Geländer gesichert zum höchsten Punkt, dem **Puflatsch** (Mark. 24). Kurz darauf kommt man

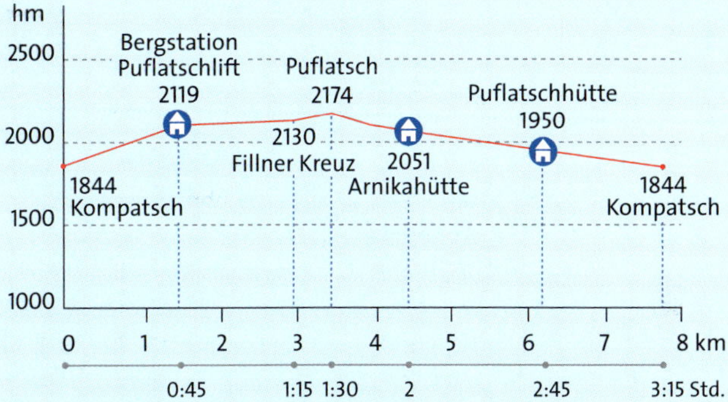

zu den sogenannten Hexenbänken, eigenartig geformte Felsstufen, auf denen es sich Hexen bequem gemacht haben sollen. Leicht fallend erreicht man den Aussichtspunkt Goller Kreuz, wo einem Kastelruth und das Eisacktal zu Füßen liegen.

Nach weiteren 10 Min. gibt es auf der **Arnikahütte** eine Stärkung. Anschließend steigt man kurz rechts bergauf Richtung „Puflatschhütte, Kompatsch", passiert einen Abstiegsweg nach Kastelruth und Seis und trifft auf einen breiten Schotterweg. Mit schönem Blick auf den wuchtigen Felsklotz des Schlern und den Talkessel von Bozen spaziert man über Wiesen mit einigen Almhütten, bis man oberhalb der **Puflatschhütte** wieder auf den Fahrweg nach **Kompatsch** stößt. Vor dem Abstieg lohnt es sich, dem schön gelegenen Berggasthaus, das etwas rechts der Straße liegt, einen Besuch abzustatten.

Rundtour mit Aussicht: Schlernmassiv von der Puflatsch-Hochfläche.

KOMPASS

0 350 m

Goll
Marzun
Graf
Rabis
Albion
Costa
Roncadizz
La Cheurt
Ioce
Maresanes
Furccles
1975
Piciuel
Spizsëch
Cebla
Pufels
Bulla
Bula
Tschonadui Hütte
Puflatsch
Bullaccla
Hexenbänke
Gollerkreuz
2104
2174
3
Fillner Kreuz
Plan
Ciasa
Vedles
1475
Lavies
Pedemont
Arnikahütte
2051
Puflatschalm
Mont de Bulacia
Mulins da Bula
Dosser
Schwaige
2120
2130
2025
2119
Engel-
rast
Trenka
Planruf
Puflatsch
2119
Bocia de Mont
Bocia de Mont
Monte Piz
1778
1794
Heisspöck Schw.
Puflatschhütte
Dibaita
1950
Kompatsch
Compaccio
1844
1706
Schmung
1811
Alm-Bahn
Pedrutsch
Steger Dellai
1900
Frommer-Haus
1720
Seelaus
1769
Mignon-
Sabina
Santner
Gostner
Schwaige
Tuana
Schwaige
Rungger
Schwaige
(nur Winter)
Panorama
2009
Spitzbühel
1935
Laurinhütte
Ladinser Moos
Tumbel
Tombla

1: 35 000

4. Über den Pitzberg zur Hartlschwaige, 1837 m

Kontrastprogramm auf der Seiser Alm

Ausgangspunkt: Ritsch Schwaige, 1875 m, auf der Seiser Alm zwischen Kompatsch und Saltria. Wie bei Tour 2 nach Kompatsch, weiter mit Bus Richtung Saltria zur Haltestelle „Ritsch" | **Charakter:** Wanderung ohne Schwierigkeiten für die ganze Familie, die zu einem Großteil auf breiten Almwegen/-straßen verläuft. Im zweiten Teil der Tour keine Einkehrmöglichkeit | **Einkehr:** Contrin Schwaige (zur Weidezeit bewirtsch.), Gasthof Mont Sëuc, Schgaguler Schwaige, Gasthäuser in Saltria | **Karte:** KOMPASS Nr. 59

GPS-Koordinaten/Ausgangspunkt: UTM = x: 702825 m Zone 32T = y: 5157397 m

leicht | 12 km | 330 hm 540 hm | 4 Std.

Die sanft geneigten Almböden des Pitzberg nördlich über Saltria sind bestens zum Dolomiten-Sightseeing geeignet. Dort befindet sich die „Einflugsschneise" aus dem Grödner Tal, die Seilbahn von St. Ulrich, die zahlreiche Schaulustige heraufbefördert. Bei der Hartlschwaige, dem nordöstlichsten Eck der Seiser Alm, hat man den herrlichen Blick auf die Langkofelgruppe dagegen meistens für sich alleine.

Von der Bushaltestelle **Ritsch Schwaige** geht man 100 m zurück und folgt rechts dem asphaltierten Fahrweg, der in flachen Kehren zum Hotel Icaro hinaufführt. Man verlässt ihn gleich wieder nach links auf dem Sträßchen nach Pufels und folgt nach einer Linkskurve etwas undeutlichen Pfadspuren, die über die Wiesen ebenfalls zum Hotel hinaufziehen. Dort stößt man wieder auf den Fahrweg und geht auf ihm noch etwa 5 Min., bis links ein Wanderweg Richtung „Seilbahn St. Ulrich" abzweigt (Mark. 6-S). Er steigt über die Wiesenhänge bergan, führt unterhalb der **Contrin Schwaige** vorbei und quert aussichtsreich über die Südseite des Col da la Dodesc zum **Ghs. Mont Sëuc** mit der Bergstation der Seilbahn von St. Ulrich. Noch vor der Bergstation zweigt links ein steiniger Weg ab (nicht markiert), der, an einem Holzkreuz vorbei, zum höchsten Punkt des **Col da la Dodesc** hinaufleitet – ein lohnender Abstecher. Folgt man dem Kamm etwas weiter, kommt man zu einem schönen Aussichtspunkt.

Zurück bei der Bergstation kann man den weiten Bogen der Schotterstraße zur **Schgaguler Schwaige** abkürzen, hält sich nach dem Gast-

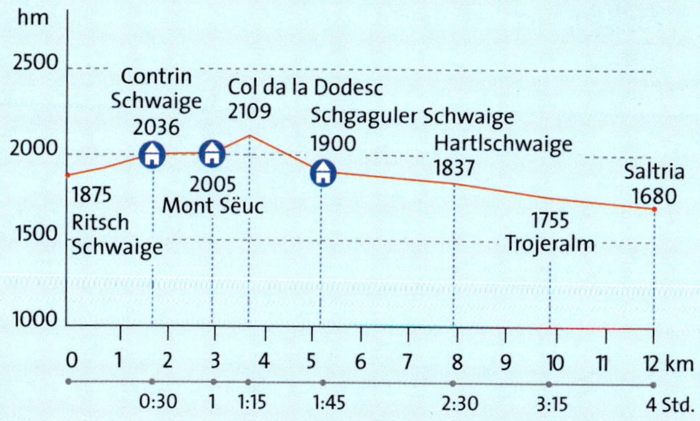

haus links zum Sporthotel Sonne und orientiert sich dort am Wegweiser „Saltria", der halblinks über die Wiesen zeigt (Mark. 9). Nachdem man ein Bachtälchen durchquert hat, zweigt man links Richtung St. Ulrich und Hartlalm ab (Mark. 19) und wandert östlich über die Almböden zu einer Forststraße. Man folgt ihr nach links in leichtem Auf und Ab durch den Wald und über Almlichtungen. Schließlich öffnet sich ein fantastischer Blick auf die zackige Felsgestalt des Langkofelsmassivs und den breiten Klotz der Sella.

Man wandert nun auf die Gipfel über dem Grödnertal zu, passiert bei einer Verzweigung geradeaus das Weidegatter (Schild „St. Christina") und geht über das Wiesenplateau der **Hartlschwaige** auf ein halbes Dutzend Hütten zu. Kurz vorher leitet rechts ein Almweg über die Weiden hinab in den Wald. Dort wendet er sich nach rechts und verläuft ziemlich flach über die bewaldeten Hänge des Sendertals.

Ein Logenplatz vis-à-vis des Langkofels ist noch einmal die **Trojeralm**, dann geht es in Kehren in den Talgrund hinab und auf der rechten Talseite noch einmal etwas ansteigend hinauf nach **Saltria**, wo Schilder den Weg zu nahe gelegenen Almgasthöfen weisen.

Anschließend kehrt man mit dem Bus nach Kompatsch zurück.

Dolomiten wie aus dem Bilderbuch: Lang- und Plattkofel von der Hartlschwaige.

KOMPASS

0 350 m

St. Christina i. Gröden
S. Cristina Val Gardena
S. Crestina Gherdeina
Rio Gardena
Puciacia
1331
Pedroc
Biel
1841
M. Pedroc
1837
Seniam
1638
Ciajea de Crëpa
Hartl Schwaige
Pitztal
Jender
1520
1907
Col dal Leuf
Wolfsbühel
1645
Piz Fosch
Jendertal
Puent de Piera
Palusc
Malga dei Masi
Hofer Schwaige
1839
Troier
1755
Val de Jender
La Bula
Cendevaves
Val Scura
Saltner Schwaige
1728
Stieralm
1780
Priesen
Prensules
Plan de Cunfin
Confinböden
Bosch da Bues
Ochsenwald
Ciandsuel
1989
Piz da Uridl
2101
Cemun
Karlot
1997
Comun-
weiden
Williamshütte
2100
2688
Plattkofelturm
Torri del Sassopiatto
2860
2954
2853
Plattkofel 2958
Sasso Piatto
1:35 000

5. Langkofelhütte, 2253 m

Inmitten der Felsbastion des Langkofels

Ausgangspunkt: Saltria, 1680 m, wie bei Tour 2 nach Kompatsch, weiter mit Bus nach Saltria | **Charakter:** Wanderung ohne besondere Schwierigkeiten, bis zum Confinboden auf bequemen Forst- und Almwegen, anschließend Bergsteige. Etwas mühsamer Anstieg über die steilen Geröllhänge des Langkofelkars
Einkehr: Radauer Schwaige, Saltner Schwaige, Langkofelhütte, Zallingerhütte, Williamshütte | **Karte:** KOMPASS Nr. 59
GPS-Koordinaten/Ausgangspunkt: UTM = x: 704696 m Zone 32T = y: 5156574 m

Mittel | 11 km | 800 hm 380 hm | 4:15 Std.

Die Langkofelhütte thront inmitten der Felsarena des Langkofelkars. Winzig klein fühlt man sich angesichts der imposanten Felsfluchten von Langkofel, Langkofelkarspitze und Plattkofelturm. Ein Auftakt nach Maß für diese Tour, bei der auch verwöhnte Dolomitenliebhaber auf ihre Kosten kommen, ist der Confinboden, ein mit landschaftlicher Schönheit besonders gesegnetes Fleckchen Erde. Über den grünen Wiesen baut sich die zinnengekrönte Felsburg der Langkofelgruppe auf.

Bei der Bushaltestelle in **Saltria** zweigt man auf den mit Nr. 30 markierten Fahrweg Richtung Monte Pana ab, überquert den Senderbach und wandert an der Talstation des Florianlifts vorbei. Kurz darauf passiert man die Radauer und die Saltner Schwaige, zwei Almwirtschaften, und überschreitet ein Bachtal. Über Wiesen und durch Waldstücke geht es in leichtem Auf und Ab Richtung Osten. Dabei blickt man hinauf zu den mächtigen Flanken des Plattkofels. Ein Bergrücken wird umgangen, dann hält man sich an einer Abzweigung geradeaus und durchquert das bewaldete Tälchen des Confinbachs. Anschließend zweigt man rechts auf den breiten **Santnerweg** ab (Mark. 525). Er führt nach Süden eben auf die Langkofelgruppe zu und zum schönen Confinboden. Anschließend zweigt man links auf einen Steig zur Langkofelhütte ab. Das Gelände wird nun immer steiler, die Landschaft alpiner. Man betritt die Felsarena des Langkofelkars. In vielen Kehren schlängelt sich der Bergweg über die Schutthänge des Kars, leitet geradeaus über ein Wegekreuz und erreicht schließlich in einem Rechtsbogen die **Langkofelhütte**.

Wer noch Energie hat, kann links das Kar weiter über Geröll und ziemlich steil zur Langkofelscharte mit der Toni-Demetz- Hütte (2681

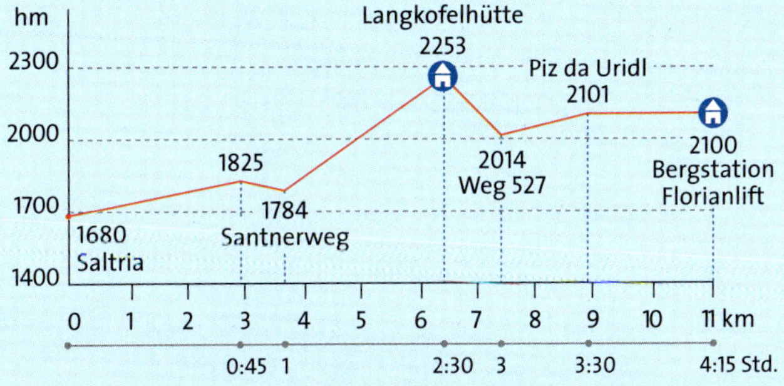

m) hinaufsteigen (1 Std.). Von der Langkofelhütte folgt man dem Anstiegsweg wieder über die Geröllhalden bergab, hält sich dort, wo man den quer verlaufenden Weg schneidet, links und trifft auf einen breiten Schotterweg. Auf ihm geht man kurz bergab, bis links ein Weg Richtung „Plattkofelhütte“ beginnt (Mark. 527). Er führt unter den Nordabstürzen des Plattkofels entlang und zu einem flachen Talboden hinab. Nun muss man noch einmal 20 Min zum Geländerücken **Piz da Uridl** ansteigen. Dort wendet sich der Weg nach Süden und gabelt sich wenig später. Man hält sich rechts und wandert über die Almböden zu einem Fahrweg, auf dem man links die Zallingerhütte ansteuert.

Oberhalb des Berggasthauses gelangt man rechts etwas ansteigend zur Bergstation des **Florianlifts** mit weiterer Einkehrmöglichkeit. Noch vor dem Sessellift zweigt rechts ein Steig ab, der über schöne Wiesen zur Talstation in Saltria hinunterführt (0,75 Std.).

Berghaus unter schwindelerregenden Wänden: die Langkofelhütte.

KOMPASS

0 350 m

St. Christina i. Gröden
S. Cristina Val Gardena
S. Crestina Gherdeina
Fischburg
Cast. Gardena
L Muliné
Dlaces
La Selva
1609
Cendevaves
Prënsa
1555
Ciaslat
1605
Jender
1520
Monte Pana
1636
Col Marisana
1645
Ruf da Jender
Ruf di Strenc
Reca Frataces
1771
1828
Paluc
Cendevaves
La Buja
Socherz
2025
Mont de Sëura
2044
1884
Val Scura
Piz Ciaulonch
Col de Mesdi
2114
Plan de Cunfin
Confinboden
Ciaulonch-Sattel
For. Ciaulonch
Langkofel
Sassolungo
Saslonch
2836
3173
3181
3096
Biv. R. Giuliani
Il Gran Campanile
3100
Langkofelkar
Piz da Uridl
2101
Langkofelhütte
Rif. Vicenza
2256
3018
2688
Plattkofelturm
Torri del Sassopiatto
Langkofelkarsp.
Piza de Dantersasc
2821
3081
Toni Demetz-Hütte
Rif. T. Demetz
2685
2681
2860
2954
2853
Plattkofel
Sasso Piatto
Sasplat
2958
Innerkoflerturm
Sas da Mesdi
2998
Fünffinger
2132
Murmeltier
Hütte
Zahnkofel
Il Dente
3000
3081
3114
Grohmannspitze
Sasso Levante
2859
5
V5

1:35 000

6. Rund um Platt- und Langkofel

Panoramawege unter senkrechtem Fels

Ausgangspunkt: Bergstation des Sessellifts Florian, 2100 m, Talstation in Saltria. Wie bei Tour 2 nach Kompatsch, weiter mit Bus nach Saltria | **Charakter:** Lange, anstrengende, landschaftlich großartige Höhenwanderung, Ausdauer erforderlich, mit größeren Steigungen, gute Bergwege | **Einkehr:** Williamshütte, Zallingerhütte, Plattkofelhütte, Rif. Sandro Pertini, Friedrich-August-Hütte, Rif. Salei, Rif. Valentini, Sellajochhaus, Rif. Comici
Karte: KOMPASS Nr. 59

GPS-Koordinaten/Ausgangspunkt: UTM = x: 705943 m Zone 32T = y: 5154817 m

Mittel | 16 km | 550 hm / 550 hm | 6 Std.

Einmal rund um die Langkofelgruppe – da wird man von immer neuen Ausblicken überrascht. Die glänzende Schneeflanke der Marmolada, die schwindelerregenden Felswände des Langkofels und die verwunschene „Steinere Stadt“ sind nur einige Höhepunkte. Einsam wird man hier jedoch selten sein.

Von der Bergstation des **Florianlifts** folgt man der Schotterstraße etwas bergab, bis oberhalb des **Berggasthauses Zallinger** der Fahrweg zur **Plattkofelhütte** nach links abzweigt. Nach einer knappen Stunde Anstieg erreicht man das Berghaus am Fassajoch, trifft dort auf den Friedrich-August-Weg und folgt ihm Richtung Sellajoch (Mark. 557). Ohne große Höhenunterschiede führt er über die südseitigen Hänge hoch über dem Duron-Tal zum **Rif. Sandro Pertini** und weiter unter den eindrucksvollen Wänden von Zahn- und Innerkoflerturm zur **Friedrich-August-Hütte**. Ein Fahrweg bringt einen in 10 Min. zu einem Sattel, der Forcella Rodela, und links hinunter ins Skigebiet zwischen Langkofel und Sella und zum **Sellajoch** mit der Dolomitenstraße. Mehrere Berggasthäuser stehen hier zur Auswahl. Man geht an der Langkofel-Seilbahn und hinter dem Sellajochhaus vorbei und links auf den Wanderweg, der sich durch das Felslabyrinth der „Steinernen Stadt“ schlängelt (Mark. 526). Anschließend auf einem breiten Spazierweg unter den gewaltigen Felsabstürzen des Langkofels zum Sattel mit dem **Rif. Comici**.

Nach der Einkehr steigt man auf einem etwas felsigen Steig nordöstlich in einen Talkessel hinab. Dabei orientiert man sich am Wegweiser „Langkofelhütte“ und ignoriert die Rechtsabzweige. Nach etwa 15 Min. führt links Weg Nr. 526a unter den Nordwänden des Lang-

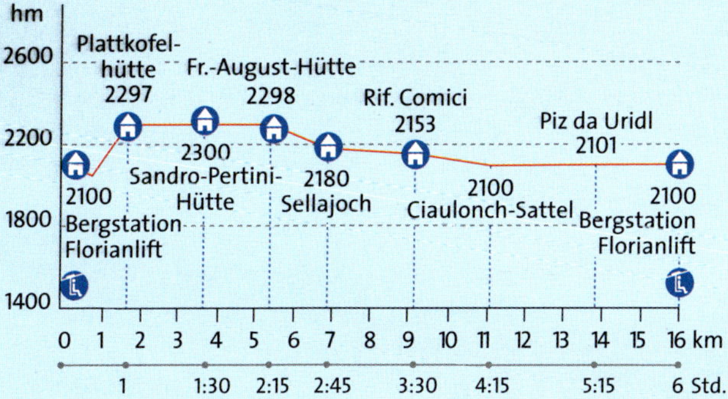

kofels leicht bergan und passiert ein malerisches Felssturzgelände. An einer Verzweigung hält man sich links und kommt kurz darauf zum **Ciaulonch-Sattel**. Dort wendet sich der Weg nach Süden und erreicht das Langkofelkar, wo der Steig zur Langkofelhütte abzweigt.

Wer noch genügend Energie hat, kann einen Abstecher dorthin unternehmen (25 Min.).

Andernfalls quert man die Geröllhalden zum breiten Hüttenweg, folgt ihm kurz bergab und biegt links in Weg Nr. 527 Richtung „Plattkofelhütte“ ein. Er fällt zu einem mit Zirben bestandenen Talboden ab und steigt anschließend noch einmal 130 Höhenmeter auf den Rücken des **Piz da Uridl** an. Südlich gelangt man zu einer Weggabelung, wo man sich rechts Richtung Zallinger hält. Über die Almmatten erreicht man eine Schotterstraße, die einen links zur Bergstation des **Florianlifts** zurückbringt.

Wer zu Fuß nach Saltria absteigen will, zweigt noch vorher rechts auf Steig Nr. 7a ab. Er führt über die Skipiste hinunter zur Talstation (0,75 Std.).

Unterwegs am Friedrich-August-Weg mit Blick auf die Marmolada.

KOMPASS

0 350 m

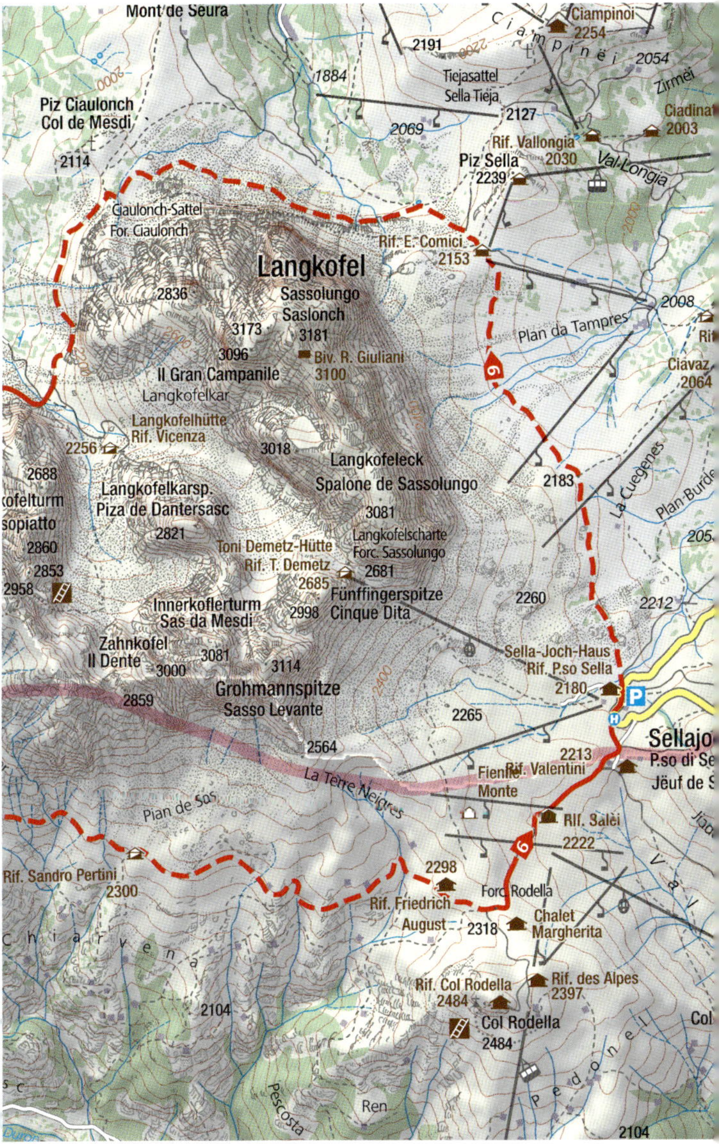
Mont de Seura
Ciampinoi
2254
Ciampinëi
2054
2191
1884
Tiejasattel
Sella Tieja
2127
Zirmëi
Ciadina
2003
2069
Piz Ciaulonch
Col de Mesdì
2114
Rif. Vallongia
2030
Piz Sella
2239
Val Longia
Ciaulonch-Sattel
For. Ciaulonch
Rif. E. Comici
2153
Langkofel
Sassolungo
Saslonch
2836
3173
3181
3096
Biv. R. Giuliani
3100
Il Gran Campanile
Langkofelkar
2008
Plan da Tampres
Ciavaz
2064
Langkofelhütte
Rif. Vicenza
2256
3018
Langkofeleck
Spalone de Sassolungo
2183
2688
Langkofelkarsp.
Piza de Dantersasc
3081
La Cuegenes
Plan Burde
2821
Langkofelscharte
Forc. Sassolungo
Toni Demetz-Hütte
Rif. T. Demetz
2681
2860
2853
2685
2958
Fünffingerspitze
Cinque Dita
2260
2212
Innerkoflerturm
Sas da Mesdì
2998
Zahnkofel
Il Dente
3081
3000
3114
Sella-Joch-Haus
Rif. P.so Sella
2180
2859
Grohmannspitze
Sasso Levante
2265
2564
Sellajo
P.so di Se
Jëuf de S
2213
Rif. Valentini
Fienile Monte
La Terre Neigres
Pian de Sos
Rif. Salèi
2222
Rif. Sandro Pertini
2300
2298
Forc. Rodella
Rif. Friedrich August
2318
Chalet Margherita
Rif. des Alpes
2397
Rif. Col Rodella
2484
Col Rodella
2484
2104
Pescosta
Ren
Pedonel
2104
6

1 : 35 000

7. Plattkofel, 2954 m

Serpentinenreigen auf einen Fastdreitausender

Ausgangspunkt: Bergstation des Florianlifts, 2100 m, Talstation in Saltria. Wie bei Tour 2 nach Kompatsch, weiter mit Bus nach Saltria | **Charakter:** Der serpentinenreiche Anstieg erfordert Ausdauer und Trittsicherheit, vor allem am Gipfelgrat, weist aber keine besonderen Schwierigkeiten auf. Die Tour sollte nur bei sicherem Wetter unternommen werden | **Einkehr:** Williamshütte, Zallingerhütte, Plattkofelhütte | **Karte:** KOMPASS Nr. 59

GPS-Koordinaten/Ausgangspunkt: UTM = 705943 m Zone 32T = y: 5154817 m

Mittel | 7,5 km | 960 hm 960 hm | 5:15 Std.

Der Plattkofel ist der einzige Gipfel in der Langkofelgruppe, der von Wanderern ohne Kletterambitionen bestiegen werden kann. Sein Markenzeichen ist die breite, 30 Grad geneigte Südwestflanke, eine mächtige Platte aus Fels und Geröll, die ihm zu seinem Namen verholfen hat. Ihre Besteigung erfordert etwas Durchhaltevermögen, doch das Panorama, das der langgezogene Gipfelgrat zu bieten hat, ist vom Feinsten. Der Blick fällt hinab in den wilden Bergkessel des Plattkofelkars, wandert über die Seiser Alm und erfreut sich an den Firngipfeln der Ötztaler und der Ortleralpen.

Von der Bergstation mit der **Williamshütte** führt ein Fahrweg zur Zallinger Hütte. Kurz vor dem Berggasthof zweigt links ein breiter Schotterweg zur **Plattkofelhütte** ab. Er steigt zuerst über einen Rücken, anschließend ziemlich steil zum Berghaus am Fassajoch, zu Füßen des Plattkofels, an. Dort hält man sich links und folgt dem Steig über begrünte Hänge nordöstlich auf den riesigen Gipfelhang zu.

Bei einer Mulde hat man den Fuß der weiten Schotterflanke erreicht. In vielen Serpentinen gewinnt man über Schrofen und Wiesenflecken weiter an Höhe und quert etwa auf halber Höhe nach rechts eine Rinne. Das Gelände wird nun immer steiler, bis man eine Scharte im Gipfelgrat erreicht.

Dort endet auch der aus dem Plattkofelkar heraufführende Klettersteig, der Oskar-Schuster-Steig.

Nun ist etwas Vorsicht geboten: Der Grat bricht steil nach Osten in das Plattkofelkar ab. Er schmückt sich gleich mit drei Gipfeln. Links

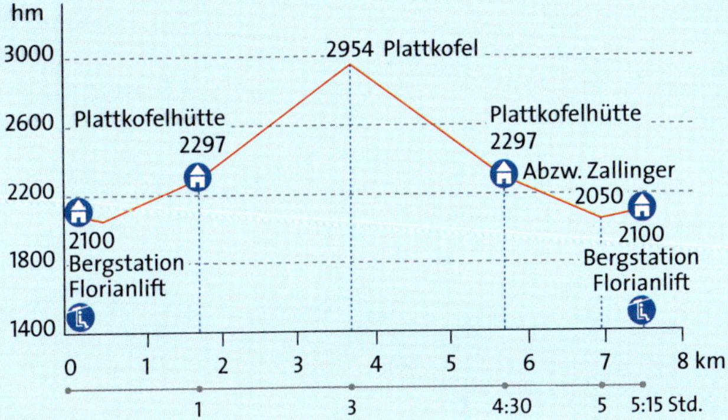

gelangt man zum **Mittelgipfel** mit Kreuz, das Ziel der meisten Wanderer. Etwas weiter befindet sich der **Nordwestgipfel** (2938 m). Der **Südostgipfel** rechts der Scharte, mit 2964 m die höchste Erhebung, erfordert leichte Kletterei.

Der Abstieg erfolgt auf dem Anstiegsweg.

Großartiger Aussichtsberg: der Plattkofel mit seiner langgezogenen Geröllflanke.

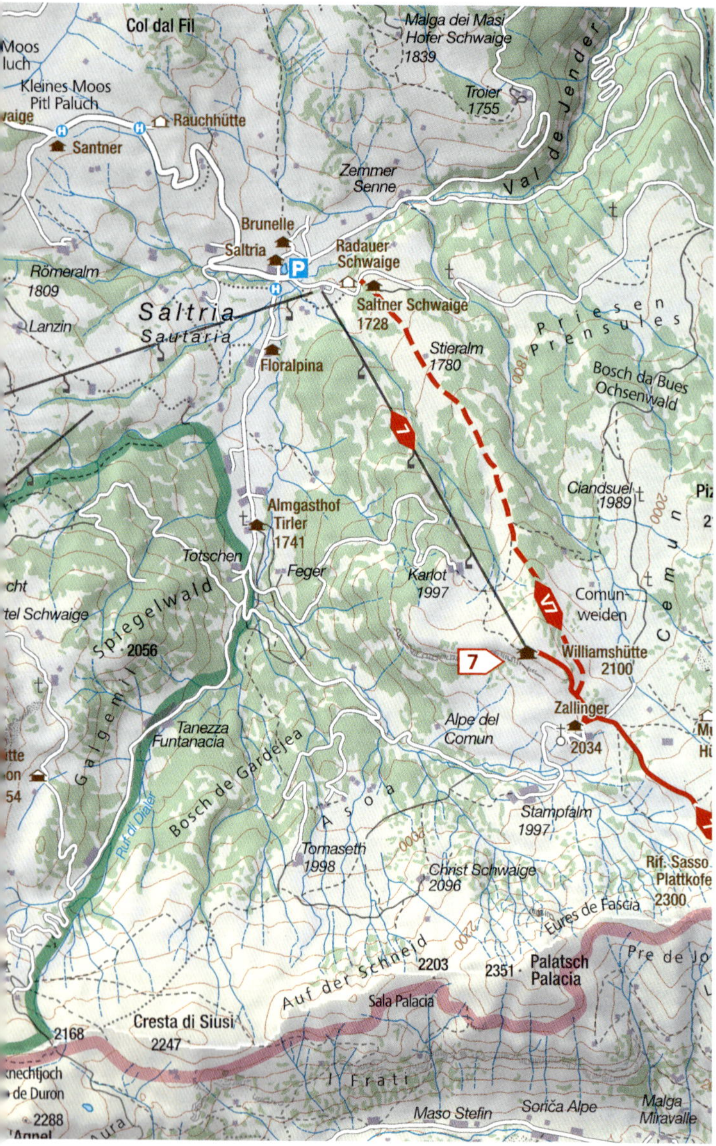

KOMPASS

0 350 m

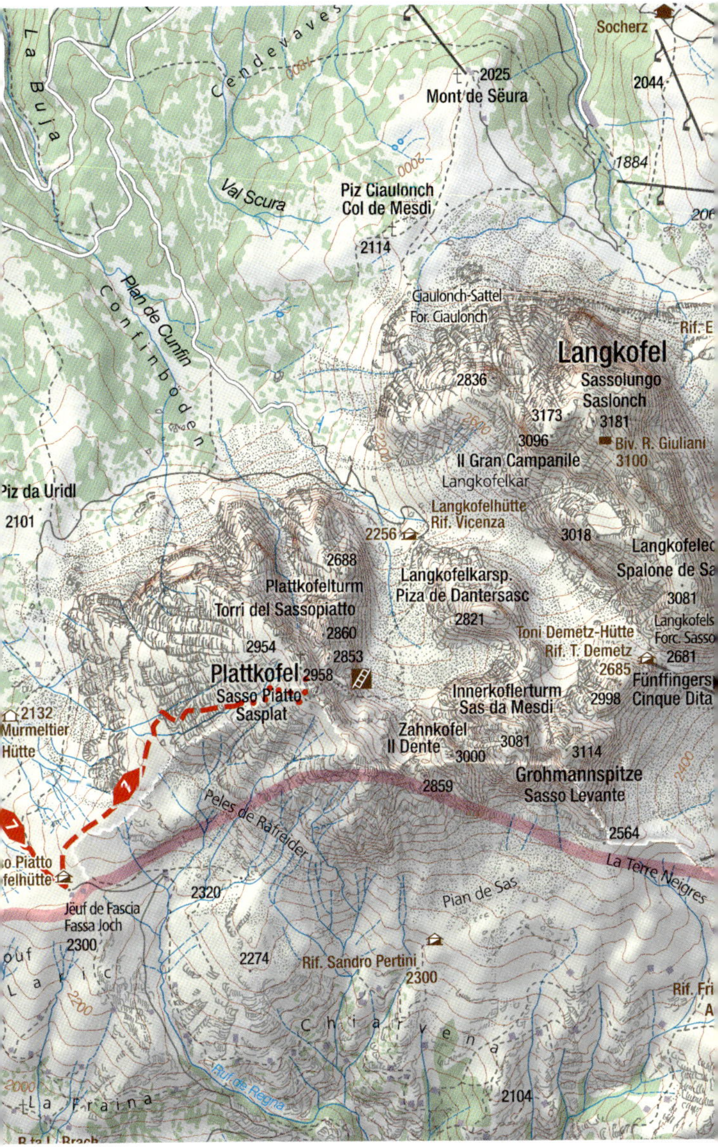
La Buja
Cendevaves
Socherz
2025
Mont de Sëura
2044
1884
Val Scura
Piz Ciaulonch
Col de Mesdi
2114
Plan de Cunfin
Confinböden
Ciaulonch-Sattel
For. Ciaulonch
Langkofel
Sassolungo
Saslonch
2836
3173
3181
3096
Biv. R. Giuliani
3100
Il Gran Campanile
Langkofelkar
Piz da Uridl
2101
Langkofelhütte
Rif. Vicenza
2256
3018
2688
Plattkofelturm
Torri del Sassopiatto
Langkofelkarsp.
Piza de Dantersasc
3081
2860
2821
Toni Demetz-Hütte
Rif. T. Demetz
2954
2853
2685
2681
Plattkofel
Sasso Piatto
Sasplat
2958
Innerkoflerturm
Sas da Mesdi
2998
Fünffingersp.
Cinque Dita
2132
Murmeltier
Hütte
Zahnkofel
Il Dente
3000
3081
3114
Grohmannspitze
Sasso Levante
2859
Peles de Rafreider
2564
La Terre Neigres
2320
Jëuf de Fascia
Fassa Joch
2300
Pian de Sas
2274
Rif. Sandro Pertini
2300
Chiarvena
Ruf de Regna
La Fraina
2104

1 : 35 000

8. Auf dem Friedrich-August-Weg

Höhenwanderung über der Seiser Alm

Ausgangspunkt: Bergstation der Seiser-Alm-Bahn, 1844 m, in Kompatsch. Talstation mit großem Parkplatz am südlichen Ortsrand von Seis. Parkplatz (gebührenpflichtig) auch in Kompatsch, die Straße zur Seiser Alm ist aber von 9-17 Uhr für den Verkehr gesperrt. Bus von Kastelruth und Seis nach Kompatsch | **Charakter:** Unschwierige Wanderung, die großteils auf Fahrwegen, über den Kamm auch auf guten Bergwegen verläuft. Wegen der Länge ist etwas Ausdauer erforderlich | **Einkehr:** Ghs. Panorama, Ghs. Goldknopf, Alpenrosenhütte, Mahlknechthütte, Plattkofelhütte, Zallinger Hütte, Ghs. Tirler | **Karte:** KOMPASS Nr. 59

GPS-Koordinaten/Ausgangspunkt: UTM = x: 700665 m Zone 32T = y: 5157640 m

Leicht | 17 km | 590 hm / 770 hm | 6 Std.

Der Sachsenkönig Friedrich August war vom Dolomitenpanorama zwischen Sellajoch und Seiser Alm so beeindruckt, dass 1906 auf seine Initiative hin ein Höhenweg angelegt wurde. Auch heute noch sind Wanderer auf dem Friedrich-August-Weg vom wahrhaft königlichen Panorama begeistert.

Der bekannteste Abschnitt verläuft unter den Südwänden der Langkofelgruppe (vgl. Tour 5), doch auch der westliche Teil über den Höhenrücken „Auf der Schneid" bietet faszinierende Dolomitenansichten.

Nachdem man bequem mit der Gondel nach **Kompatsch** hinaufgeschwebt ist, geht man rechts zur Seiser-Alm-Straße und gegenüber an der Informationsstelle vorbei auf den asphaltierten Fahrweg, der in Kehren zum **Gasthaus Panorama** hinaufführt. Der Berggasthof ist auch mit dem Sessellift zu erreichen (Talstation östlich der Bergstation der Seiser-Alm-Bahn, ausgeschilderter Fußweg).

Beim Gasthaus wählt man den Fußweg mit Mark. 2 und spaziert gemütlich über die Wiesen bergauf. Bevor der Pfad auf den Fahrweg trifft, hält man sich rechts Richtung „Tierser Alpl". Erst später wendet man sich nach links, um unterhalb des **Gasthauses Goldknopf** auf die Schotterstraße zu treffen. Man orientiert sich nun am Wegweiser Richtung „Mahlknechthütte" (Mark. 7) und geht oberhalb eines Speichersees ent-

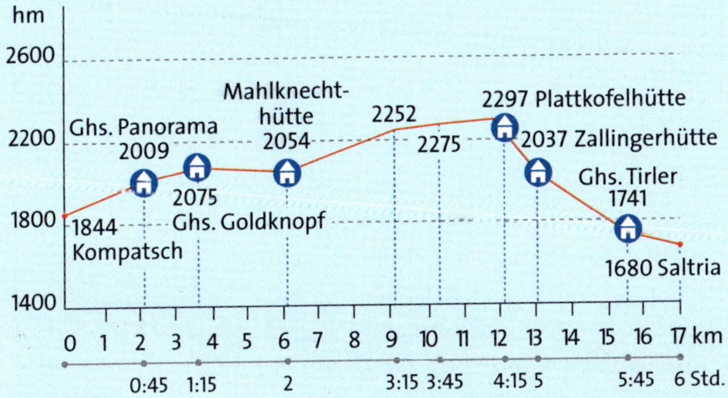

lang direkt auf Lang- und Plattkofel zu.

Der breite Fahrweg führt in ein Bachtal hinunter, an der kleinen Alpenrosenhütte vorbei und weiter zur **Mahlknechthütte**, wo sich ein eindrucksvoller Blick auf die düsteren Nordwände des Molignonkamms auftut.

Geradeaus leitet Wanderweg Nr. 7 durch ein Wiesentälchen sanft bergauf und mündet nach Über-

Blick von der Schneid über das Durontal zur Marmolada.

Immer wieder neue Ausblicke bietet der Anstieg zur Mahlknechthütte.

querung eines Bachgrabens in eine Schotterstraße. Bei einer Gabelung folgt man dem linken Fahrweg zum Mahlknechtjoch hinauf (Mark. 4B). Dort trifft man auf den Friedrich-August-Weg (Mark. 4 und 594) und biegt links ein.

Man folgt nun dem Höhenrücken, der Seiser Alm und Durontal trennt, auch „Auf der Schneid" genannt, nach Osten. Der Steig verläuft in einigem Auf und Ab über die Südseite des Kamms und gewährt eindrucksvolle Blicke auf den nordöstlichen Teil der Rosengartengruppe und auf die firnglänzende Marmolada.

Die Erhebung der Palacia wird rechts umgangen, dann gelangt man zu einem Sattel, von dem aus man noch einmal etwas ansteigen muss. Am Fassajoch unter der mächtigen Südwestflanke des Plattkofels hat man schließlich den höchsten Punkt erreicht und kann in der **Plattkofelhütte** rasten.

Anschließend bringt einen der Fahrweg ziemlich steil hinunter zur **Zallingerhütte**. Dort kann man wählen: Rechts geht es zur Bergstation des Florianlifts, mit dem man knieschonend nach Saltria hinabschwebt. Links steigt man am Berggasthaus Zallinger vorbei zu einem Bach hinab und folgt der Forststraße das waldige Tal hinaus (Markierung 9). Sie mündet schließlich in einen Fahrweg, der rechts am **Gasthof Tirler** vorbei nach **Saltria** führt. Von dort kehrt man mit dem Bus nach Kompatsch zurück.

Wer zu Fuß gehen will, zweigt von der Straße nach Kompatsch in der ersten Rechtskehre links auf den Wanderweg Nr. 30 ab und folgt dieser Markierung zum Ausgangspunkt zurück (1,25 Std).

Blumenmeer Seiser Alm mit dem markanten Profil des Schlern.

Kompatsch
Compaccio
Seiser Alm-Bahn
Pedrutsch
Dosser Schwaige
Puflatschhütte Dibaita 1950
Puflatsch 2119
Engelrast
Mulins da Bula
Bocia de Mont
Monte Piz 1778
Heisspöck Schw.
1910 Icaro
Monte Icaro
Contrin
Schmung 1811
Frommer-Haus 1720
Seelaus 1769
Mignon-Sabina
Rungger Schwaige
Steger Dellai 1900
Santner
Gostner Schwaige
Tuana Schwaige
Großes Moos
Gran Paluch
Kleines Moos
Pitl Paluch
Ritsch-Schwaige
Ciaforn
Römeralm 1809
Lanzin
Laranz Schwaige
Paradiso
Panorama 2009
Spitzbühel 1935
Laurinhütte 2005
Ladinser Moos
Paluch di Ladins
Tumbel
Tombla
Goldknopf Punta d'Oro
Grunserbühl
Col dal Spiedl 2177
Mahlknecht
Sattel Schwaige
Almrosenhütte
Baita Rosa Alpina 2004
Partschottalm
Goldknopf
Punta d' Oro
Radell
Mahlknecht Hütte
Rif. Molignon 2054
Proßliner Schwaige 1739
Tschapit
Tschapit Bach
Saltner Hütte 1830
Peterlunger Lacke
Sattler Schwaige
Peterlunger Schwaige 2033
Wiedner Woadn
Ochsenwald
Die Platten
Laste di Terrarossa
Kranzer 2465
Rosszähne
Gr. Rosszahn
Rosszahnscharte 2490
Mahlknecht Polen
Roterdspitz
C. di Terrarossa 2655
Tierser Alpljoch
P.so Alpe di Tires
Tierser Alpl Hütte
Rif. Alpe di Tires 2440
Mahlknechtjoch
P.so de Duron
Col de L'Agnel
Torba
M. Spiz
Eselrücken
Gugglochegg
Manestrabühel 2382
Alploch
Ochsengufl
Bärenloch
Hühnerstand
Molignonpass
Pas de Molignon
Grasleiten Spitzen
Molignon di Fuori
Tschamin
(nur Winter)
KOMPASS
0 500 m

Aufgrund der Tourlänge Maßstab 1 : 50 000

9. Hans-und-Paula-Steger-Weg

Auf den Spuren zweier Bergpioniere

Ausgangspunkt: Bergstation der Seiser-Alm-Bahn, 1844 m, in Kompatsch. Talstation mit großem Parkplatz am südl. Ortsrand von Seis. Parkplatz (gebührenpfl.) auch in Kompatsch, die Straße zur Seiser Alm ist aber von 9-17 Uhr für den Verkehr gesperrt. Bus von Kastelruth und Seis nach Kompatsch | **Charakter:** Abwechslungsreiche Wanderung, die interessante Einsichten und großartige Ausblicke bietet. Geringe Steigungen, gut markierte Wege, etwas steilerer Abstieg nach Saltria | **Einkehr:** Gostner Schwaige, Ritsch Schwaige, Laranz Schwaige, Berggasthäuser bei Saltria
Karte: KOMPASS Nr. 59

GPS-Koordinaten/Ausgangspunkt: UTM = x: 700665 m Zone 32T = y: 5157640 m

Leicht | 8,25 km | 190 hm 370 hm | 2:45 Std.

Weite Almböden und malerische Lärchenwiesen, schattige Fichtenwälder und sonnenverbrannte Almhütten, fantastische Dolomitenansichten – auf dem Hans-und-Paula-Steger-Weg erlebt man Naturraum und Kulturlandschaft Seiser Alm in ihren unterschiedlichen Facetten. Infotafeln am Wegesrand erzählen dazu allerlei Wissenswertes.

Von der Bergstation der Seiser-Alm-Bahn in **Kompatsch** geht man rechts zur Straße nach Saltria und hält sich dort links. Beim futuristischen Kirchengebäude aus Holz biegt man links ab und kommt zur Infotafel am Beginn des Hans-und-Paula-Steger-Wegs. Zunächst mit Nr. 30 markiert verläuft er östlich über die Wiesen, kreuzt die Fahrstraße und führt am **Hotel Steger Dellai** vorbei, dem Sitz der Hans-und-Paula-Steger-Stiftung. Weiter geht es leicht ansteigend über schöne Lärchenwiesen. Die beiden Einkehrmöglichkeiten Gostner Schwaige und Ritsch

KOMPASS INFO

Hans und Paula Steger machten sich in den 1920er und 1930er Jahren als exzellente Skifahrer und Bergsteiger einen Namen. „La Paula" holte 15 nationale Titel im Skisport. Gemeinsam mit ihrem Mann war sie in schwierigen Kletterrouten in den Dolomiten unterwegs. Für eine Frau waren zu dieser Zeit solch sportliche Leistungen ungewöhnlich. Das Ehepaar Steger kaufte 1949 das damalige Schutzhaus Dellai und gestaltete es als Hotel um. Die „Hans und Paula Steger Stiftung" wurde gegründet. Ihre Aufgaben sind u.a. die Förderung des Naturschutzes auf der Seiser Alm.

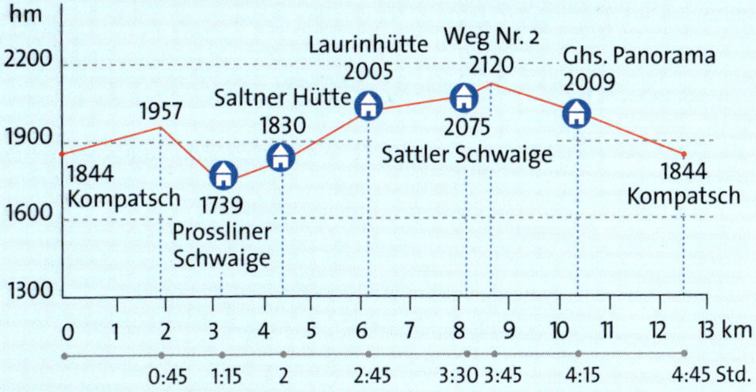

Tourenkarte S. 49

und steht kurz darauf vor der gemütlichen Einkehr. Von der Saltner Hütte folgt man dem Fahrweg sanft ansteigend nach Norden und zweigt nach knapp 10 Min., nach der Brücke über den Tschapitbach, rechts auf einen Pfad Richtung „Laurinhütte" ab (Mark. 6). Er zieht über die Grashänge hinauf zum flachen Wiesenplateau mit der **Laurinhütte**, einem wunderschönen Logenplatz. Rechts an der Bergstation eines Sessellifts vorbei (nur Winterbetrieb) gelangt man zu einer Almstraße. Links kehrt man, am Gasthaus Panorama vorbei, nach Kompatsch zurück (0,75 Std.).

Wer noch in Wanderlaune ist, kann der **Sattler Schwaige** einen Besuch abstatten. Dazu biegt man rechts in den Fahrweg ein und spaziert etwas auf und ab über die Almböden auf die Rosszähne zu. Schließlich steigt man links zur Sattler Schwaige an und genießt noch einmal Almspezialitäten, Kuhglockengeläut und Schlernblick. Anschließend folgt man einem steinigen Almweg kurz östlich bergauf und geht links durch den Weidezaun auf einen Steig. Er führt zu **Weg Nr. 2**, der von der Roßzahnscharte hinunterleitet, hinauf. Auf ihm steigt man links entlang des Grunserbühls abwärts und lässt die Wanderung ganz gemütlich beim Gang über die flachen Wiesenböden ausklingen. An einer Gabelung hält man sich links und überbrückt das feuchte Ladinser Moos auf einigen Brettern.

Beim **Ghs. Panorama** schwebt man entweder mit dem Sessellift ins Tal oder folgt der Straße in weiten Kehren hinunter nach **Kompatsch**.

„Zapfhahn" für durstige Wanderer – die Saltner Hütte.

11. Schlernhaus, 2450 m und Tierser-Alpl-Hütte, 2440 m

Panoramawanderung über der Seiser Alm

Ausgangspunkt: Bergstation der Seiser-Alm-Bahn, 1844 m, in Kompatsch. Talstation mit großem Parkplatz am südlichen Ortsrand von Seis. Parkplatz (gebührenpflichtig) auch in Kompatsch, die Straße zur Seiser Alm ist von 9-17 Uhr für den Verkehr gesperrt | **Charakter:** Lange Tour. Es lohnt sich, auf einer der beiden Hütten zu übernachten. Wege ohne besondere Schwierigkeiten, abschüssige Hänge beim Übergang zum Tierser Alpl, steiler Abstieg von der Rosszahnscharte, Trittsicherheit erforderlich **Einkehr:** Saltner Hütte, Schlernhaus, Tierser-Alpl-Hütte, Gasthaus Panorama | **Karte:** KOMPASS Nr. 59

GPS-Koordinaten/Ausgangspunkt: UTM = x: 700665 m Zone 32T = y: 5157640 m

Mittel | 18,5 km | 1060 hm / 1060 hm | 7:30 Std.

Der Schlern ist das Wahrzeichen Südtirols. Viele Geschichten und Legenden ranken sich um den prominenten Berg, auf dem sich bereits in der Bronzezeit eine Kultstätte befand. Glaubt man der Sage, sollen sich dort oben Hexen und Wettermacherinnen treffen. Den Wanderer erwarten auf dieser Tour zwei wunderschön gelegene Schutzhäuser: das traditionsreiche, 1885 erbaute Schlernhaus mit sagenhafter Rundumschau und die Tierser-Alpl-Hütte in wilder Felskulisse.

Von der Bergstation der Seiser-Alm-Bahn in **Kompatsch** geht man rechts zum großen Parkplatz. Bei der Informationsstelle beginnt ein asphaltierter Fahrweg, dem man bergauf folgt, bis rechts ein breiter Weg in Richtung „Schlern" abzweigt (Markierung 10). Er führt mäßig ansteigend über die Wiesen der Seiser Alm auf die Felsabbrüche des Schlern zu.

Beim Wegekreuz östlich des Spitzbühels wandert man geradeaus bergab und biegt anschließend links in eine Almstraße ein (Mark. 5). Weiter absteigend quert man den Tschapitbach und erreicht die **Saltner Hütte**.

Nach einer hölzernen Bogenbrücke über den Frötschbach hält man sich links in Richtung „Schlern" und steigt dann auf dem „Touristensteig" über den Nordabhang des Schlerns bergan.

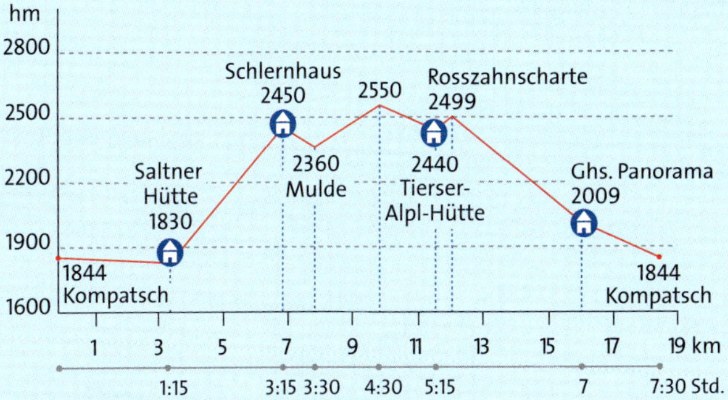

Er trifft auf den Weg von Bad Ratzes herauf und windet sich, nun mit Markierung 1 bezeichnet, in vielen Kehren teilweise etwas felsig bergauf.

Die Hänge werden nach oben hin immer steiler, bis man die grasige Hochfläche des Schlerns erreicht hat. Flacher geht man nun nach Südwesten, passiert den abzweigenden Weg, der uns später zum Tierser Alpl bringt, und gelangt zum **Schlernhaus**. Einen noch umfassenderen Blick hat man vom Petz, dem höchsten Punkt des

Aussichtsreiche Höhenwanderung über das Schlernplateau.

Hütte mit Ausblick: Schlernhaus mit Rosengarten und Latemar.

Schlernplateaus, den man von der Hütte in 20 Min. über den nicht all zu steilen Südhang erreicht.

Man kehrt zur Abzweigung Richtung Tierser Alpl zurück und überquert das Hochplateau in gemütlicher und aussichtsreicher Wanderung (Markierung 4).

Mäßig ansteigend geht es über einen Rücken zur Abzweigung des Maximilian-Klettersteigs, für geübte, schwindelfreie Bergsteiger eine spannende Variante (siehe Tour 11).

Unser Weg führt auf der Südseite des Kamms ziemlich steil hinab und quert unterhalb der Felstürme der Roterdspitze. Die abschüssigen Hänge erfordern hier etwas Vorsicht. Man geht über einen Geländevorsprung und blickt in den wilden Taleinschnitt des Bärenlochs. Leicht ansteigend erreicht man das **Schutzhaus Tierser Alpl** im gleichnamigen Joch.

Von der Hütte folgt man Steig Nr. 2 unter dem gezackten Kamm der Rosszähne entlang nach Nordosten und in einigen Serpentinen zur **Rosszahnscharte** hinauf. Er schlängelt sich jenseits in Kehren das steile Kar zu den Wiesen der Seiser Alm hinunter.

Nun schlendert man entspannt über die sanft geneigten Almböden bergab, geht an den begrünten Kuppen von Goldknopf und Grunserbühl entlang und schließlich links über die Feuchtwiesen des Ladinser Moos zum **Gasthaus Panorama**. Mit dem Sessellift oder auf dem Fahrweg kehrt man nach **Kompatsch** zurück.

Mitten drin im Felszirkus: die Tierser-Alpl-Hütte.

Laranz
Pedatsch
St. Valentin
S. Valentino
1193
Ransoler
Pscheuer
Tröbinger
2025
Wiedner
1074
Plüner
St. Valentin
S. Valentino
Kamaun
Mutz
Falentor
Laranzer
Rungg
Mirabell
1119
Zerod
Bauernmus.
Erika
Trotz-
stube
Ibsen
1095
Pufltschhüt
Seis am Schlem
Siusi allo Sciliar
994
Sonne
Grunser
1753
Untermon
Wiesen
1706
Seiser Alm-Bahn
Pedrutsch
Korbele
Gstatsch
1460
Santner's
St. Vigil
S. Vigilio
Baumann
Frommer-Haus
1720
Huaber-
hof
Salegg
Castel Salego
1219
R.Hauenstein
Rov. di Hauenstein
Rungger
Schwaige
Vigiler Hof
Hauensteiner Wald
Bad Ratzes
Bagni di Razzes
1212
Vigiler Teilwälder
Selva di S.Vigilio
Vergeser Graben
Wildstand
Spitzbühel
Spitzbühel
1935
(nur Winter)
Santner
(Santner Spitze)
2413
2394
Euringer
Santner Kanzele
Aichner
Wald
Seiser Klamm
2476
Burgstall
2515 M. Castello
Schlernbödele-
hütte
1726
Proßliner
Schwaige
1739
Gabels-Mull
2389
Gruben
2283
Jungschlern
Picc. Sciliar
Petz
2563 M. Pez
Schlern
Sciliar
2448
11
Schlern Hochfläche
Altopiano dello Sciliar
1569
Wiesslahn
Schlernhaus
Rif. Bolzano
2450
Lettenhütte
(AVS)
Aichner Stall
2303
Kranzer
2465
St. Kassian
S. Cassiano
Tschafatsch
2235
Holztal
Sesselschwaige
Malga Sessel
1940
Schönbühl
2262
Alploch
Ochsengu
Hammerwand
1985
2128
2183
2070
Tschafatsch Sattel
Mittagskofl
2187
2136
Nigglberg
Jungbrunntal
2044
Weißlahntal
Bärenfalle
Ortentalegg
Tschamintal
Valle di Tschamin
Tschaminbach
Recht
Leger
Tschamin Wald
Angerer Hütte

0 500 m

Aufgrund der Tourlänge Maßstab 1 : 50 000

12. Maximilian-Klettersteig

Spannende Gratüberschreitung

Ausgangspunkt: Bergstation der Seiser-Alm-Bahn, 1844 m, in Kompatsch. Talstation mit großem Parkplatz am südlichen Ortsrand von Seis. Parkplatz (gebührenpflichtig) auch in Kompatsch, die Straße zur Seiser Alm ist aber von 9 bis 17 Uhr für den Verkehr gesperrt | **Charakter:** Der Klettersteig ist technisch wenig schwierig, führt jedoch ziemlich luftig und ohne Sicherungen über den stellenweise brüchigen Kamm. Trittsicherheit und Schwindelfreiheit sind unbedingt erforderlich. Der Abstieg durch das Bärenloch ist steil und teils drahtseilgesichert, sonst durchwegs gute Bergwege. Als Tagestour nur mit guter Kondi-tion, Übernachtung auf der Tierser-Alpl-Hütte möglich
Einkehr: Ghs. Panorama, Tierser-Alpl-Hütte, Tschaminschwaige
Karte: KOMPASS Nr. 59

GPS-Koordinaten/Ausgangspunkt: UTM = x: 700665 m Zone 32T = y: 5157640 m

Schwer | 15,5 km | 970 hm / 1650 hm | 7:45 Std.

Wie ein von Karies zerfressenes Riesengebiss ragen die felsigen Rosszähne über der Seiser Alm empor. Ein Klettersteig überschreitet den Kamm vom Großen Rosszahn zur Roterdspitze und bietet etwas Nervenkitzel und eine eindrucksvolle Aussicht auf viele Dolomitengipfel und bis zu den Gletscherbergen der Zentralalpen. Mit dem Abstieg durch das Tschamintal ergibt sich eine ausgedehnte, landschaftlich begeisternde Tour von der Seiser Alm ins Tierser Tal.

Von der Bergstation der Umlaufbahn in **Kompatsch** gelangt man rechts zur Seiser-Alm-Straße. Man überquert sie und folgt dem Asphaltsträßchen, das in weiten Kehren zum **Gasthaus Panorama** hinaufführt. Dieses Wegstück lässt sich auch mit dem Sessellift abkürzen (Talstation östlich der Bergstation der Seiser-Alm-Bahn, ausgeschilderter Fußweg).

Beim Berggasthof zweigt man links auf den Fußweg Richtung „Rosszahnscharte, Tierser Alpl“ ab, der südlich über die Wiesen leitet (Mark. 2). Das Ladinser Moos wird dank einiger Bretterstege trockenen Fußes überquert. Anschließend hält man sich rechts und wandert entlang der Westhänge

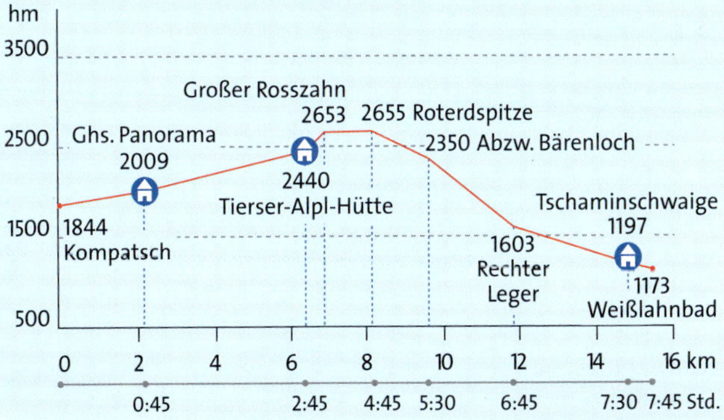

von Grunserbühl und Goldknopf bergauf. Immer näher rücken die bizarren Zacken der Rosszähne. Schließlich hat man ihre steilen Schutthänge erreicht und steigt in Kehren etwas mühsam zur Rosszahnscharte hinauf. Jenseits geht es kurz hinab und nach rechts unter den Rosszähnen entlang zur **Tierser-Alpl-Hütte**.

Dort beginnt der spannendste Teil der Tour: Hinter der Hütte leitet ein Wegweiser zum Maximilian-Klettersteig. Man steigt zu den Felsen hinauf und entlang der Sicherungsseile durch eine enge Schlucht zu einer Scharte. Links gelangt man über den schmalen Grat zum Gipfel des **Großen Rosszahns**.

Anschließend leiten die Markierungen über die schrofige Südwestflanke und durch ein Felstor hinab und entlang von Fixseilen zum Roterdkamm, dem man teilweise ausgesetzt zur Roterdschar-

Das Tierser Alpl ist Ausgangspunkt für den Klettersteig über den Roterdkamm.

Eindrucksvoller Abstieg durch das Bärenloch ins Tschamintal.

te folgt. Dort könnte man nach Süden wieder zum Tierser Alpl absteigen. Der Klettersteig führt weiter zur **Roterdspitze** hinauf mit einem fantastischen Panorama. Eindrucksvoll sind die Blicke in die Felswildnis der Rosengartengruppe unmittelbar gegenüber.

Anschließend geht es unschwierig über die Westseite zum Steig, der Schlern und Tierser Alpl verbindet (Mark. 4), hinab. Links quert man mit einem etwas steileren Abstieg in die Südseite des Roterdkamms und zweigt rechts in die von Felsflanken eingerahmte Schlucht des **Bärenlochs** ab (Mark. 3). Bei einigen Felspassagen erleichtern Drahtseile den steilen Abstieg. Bei einer Weggabelung führt rechts der Steig hinunter ins Tschamintal, wo man auf einen Almweg trifft. Ihm folgt man talauswärts und kommt zur Lichtung des **Rechten Legers** mit einer überwältigenden Dolomitenansicht: Die Felszacken des Rosengartens stehen Spalier. Der Weg wechselt einige Male über den Tschaminbach und mündet in eine Forststraße. Man verlässt sie kurz darauf wieder nach rechts auf einem Steig, der zur **Tschaminschwaige** hinabführt. Dort befindet sich auch das Informationszentrum des Naturparks Schlern-Rosengarten.

Man geht rechts über den Tschaminbach und auf einer Schotterstraße zur Fahrstraße nach **Weißlahnbad**. Von dort verkehrt von Anfang Mai bis Ende Oktober ein Bus zurück zur Talstation der Seiser-Alm-Bahn. Außerhalb dieser Zeit wandert man hinunter zur Bushaltestelle in St. Zyprian an der Tierser Talstraße (20 Min.).

Variante: Die Tour ist auch ohne Klettersteig sehr lohnenswert. Von der Tierser-Alpl-Hütte führt ein Wanderweg direkt zur Abzweigung ins Bärenloch (Mark. 3-4).

Die Gehzeit beträgt dann insgesamt 5,5 Std.

Felsiges Gebiss über der Seiser Alm: Rosszähne und Rosszahnscharte.

KOMPASS

0 550 m

Aufgrund der Tourlänge Maßstab 1 : 55 000

13. Geologensteig zur Prossliner Schwaige, 1739 m

Einblicke in die Erdgeschichte

Ausgangspunkt: Bad Ratzes, 1212 m. In Seis von Völs kommend nach der Tankstelle rechts bergauf in die Henrik-Ibsen-Straße, an einer Kreuzung rechts dem Schild „Bad Ratzes“ folgen, Parkplatz unterhalb Hotel Bad Ratzes. Bus von Seis
Charakter: Der Steig zur Prossliner Schwaige erfordert Trittsicherheit, vor allem nach Regen, sonst Bergwege ohne besondere Schwierigkeiten | **Einkehr:** Prossliner Schwaige, Schlernbödelehütte | **Karte:** KOMPASS Nr. 59
GPS-Koordinaten/Ausgangspunkt: UTM = x: 698143 m Zone 32T = y: 5156542 m

Mittel | 7,25 km | 610 hm 610 hm | 3:30 Std.

Bad Ratzes kann auf eine lange Geschichte zurückblicken. Bereits ab 1724 nutzte man dort eine Schwefel- und eine Eisenquelle zu Heilzwecken. Seine Blütezeit erlebte das Bad im 19. Jahrhundert, als sich Künstler und Politiker aus ganz Europa ein Stelldichein gaben. Der Geologensteig lädt zu einer Zeitreise durch die Erdgeschichte ein, die sich an den unterschiedlichen Gesteinsschichten im Frötschbachtal ablesen lässt (eine Broschüre ist beim Tourismusverein in Seis erhältlich).

Der Anstieg führt uns rechts am Hotel **Bad Ratzes** vorbei und rechts über den Frötschbach, wo der Geologensteig beginnt. Nach der Brücke geht man geradeaus auf einen bergauf führenden Forstweg. Nach 40 Metern beginnt links ein Waldweg Richtung „Schlernboden, Prossliner Schwaige“ (Mark. 1). Man quert einen Bachlauf und wandert über der Schlucht des Frötschbachs entlang, vorbei an einigen Wasserfällen. Nach einer halben Stunde leitet der Geologensteig an einer Wegteilung links bergab (Mark. 1a) und wechselt über den Frötschbach auf die andere Talseite. Er verläuft nun steiler durch den Wald bergauf und oberhalb der Schlucht entlang. Eine Besonderheit sind hier säulenartige Gebilde aus Basaltgestein vulkanischen Ursprungs, die in kleinen Erosionsrinnen zu sehen sind. Nach starken Regenfällen kann man wenig später einen eindrucksvollen Wasserfall bewundern.

Der Weg bricht teilweise auf der rechten Seite steil ab, ist aber mit Drahtseilen und Geländer gut gesichert. Schließlich geht es in Serpentinen noch einmal steil hinauf

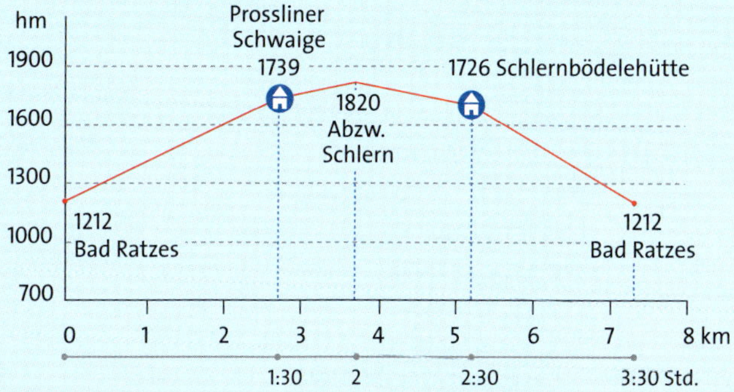

zu den Wiesen mit der urigen Almhütte **Prossliner Schwaige** am Rand der Seiser Alm. Dort rastet man mit fantastischem Blick auf die gewaltigen Wände des Schlern.

Anschließend geht man zwischen den Hütten der Prossliner Schwaige hindurch und kurz bergab. Der Steig verläuft nun ohne großen Höhenunterschied weiter taleinwärts, wobei mehrere Bachläufe überschritten werden. Nachdem man erneut den Frötschbach überquert hat, passiert man die Abzweigung zur Saltner Hütte und steigt nun auf der linken Talseite etwas an. Dort, wo der Weg in den zum Schlern führenden Touristensteig mündet, hat man den höchsten Punkt erreicht. Man hält sich geradeaus, quert einen Bachgraben und umgeht einen Geländerücken (Mark. 1). Der Steig fällt sanft über die waldigen Hänge, weitere Rinnen querend, zu einer Lichtung mit einer Kapelle ab. Wenige Meter weiter liegt die **Schlernbödelehütte**, wo man sich noch einmal stärken kann. Anschließend schlängelt sich der Weg in Kehren den steilen Waldhang hinunter, bis er auf die Anstiegsroute trifft, auf der man nach **Bad Ratzes** zurückkehrt.

Der Geologensteig führt ins Tal des Frötschbachs.

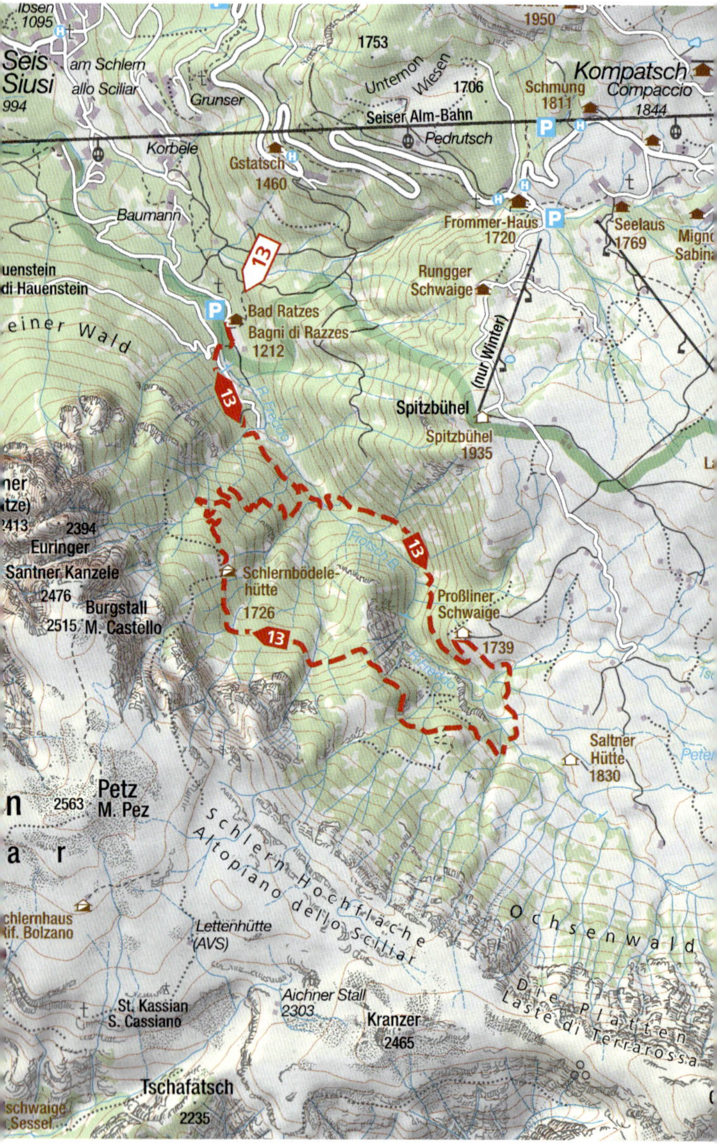

KOMPASS

0 350 m

Kastelruth
Castelrotto
Desler
Katzenloch
Lift-
Stüberl
Schlern-
hex
Ladins
Hexen-
stühle
Marinzen
Cristallo
1115
St.Anna
Guns
Marinzenhütte
1486
Rosslauf
Wegmacher
Tusch
1256
Innerlanzin
Oberlanzin
Parnoar
Reiterhof
Unterlanzin
1081
Pestkreuz
1292
Telfen
Fuchslocher
Pedatsch
St.Valentin
S.Valentino
Ransoler
Wiedner
1074
Pscheuer
Plüner
1193
Tröbinger
Kamaun
St. Valentin
S. Valentino
Falentor
Mutz
Rungg
Mirabell
Trotz-
stube
Ibsen
1095
Bauernmus.
Erika
Seis
Siusi
994
am Schlern
allo Sciliar
Frötschbach
R. Freddo
Sonne
Grunser
Korbele
Gstatsch
1460
14
Santner's
Baumann
14
14
Salegg
Castel Salego
1219
R.Hauenstein
Rov. di Hauenstein
Bad Ratzes
Bagni di Razzes
1212
Hauensteiner Wald
Vigiler Terlwälder
Selva di S.Vigilio
Wildstand
R. Freddo
Santner
(Santner Spitze)
2413
2394
Aichner
Wald
Euringer
Santner Kanzele
2476
Seiser Klam
Burgstall
2515
M. Castello
Schlernbödele-
hütte
1726

1:35 000

14. Oswald-von-Wolkenstein-Weg

Ausflug ins Mittelalter

Ausgangspunkt: Talstation der Seiser-Alm-Bahn, 1000 m, am südlichen Ortsrand von Seis, großer Parkplatz | **Charakter:** Leichter Themenweg, der nicht nur für Kinder ein kurzweiliges und informatives Wandervergnügen bietet. Schattige Waldwege, deshalb auch für warme Sommertage geeignet | **Einkehr:** unterwegs keine, Gasthäuser in Seis | **Karte:** KOMPASS Nr. 59

GPS-Koordinaten/Ausgangspunkt: UTM = x: 696580 m Zone 32T = y: 5157243 m

Leicht | 6 km | 220 hm 220 hm | 1:45 Std.

Hoch über Seis, am Fuß der Santnerspitze, ragen die Überreste zweier Burgen aus dem Wald, Ruine Salegg und Ruine Hauenstein – geheimnisvolle Zeugen aus der Zeit der Ritter und Burgfräulein. Berühmtester Burgherr auf Hauenstein war der Dichter und Minnesänger Oswald von Wolkenstein (1377-1445). Er kam nach jahrelangen Erbstreitigkeiten 1427 in den Besitz der Burg. Auf dem Oswald-von-Wolkenstein-Weg erfährt man auf unterhaltsame Weise, wie sich das Leben im Mittelalter abgespielt hat.

Von der Zufahrt zur **Talstation der Seiser-Alm-Bahn** zweigt ein asphaltierter Fahrweg zum Hotel Salegg ab. Nach gut 10 Min. hat man das Hotel mit seinen Türmchen und Holzbalkonen erreicht, geht links vorbei und zweigt scharf links auf den gut ausgeschilderten Oswald-von-Wolkenstein-Weg ab. Er schlängelt sich durch den Hauensteiner Wald zur **Ruine Salegg** hinauf, vorbei an der ersten Station des Themenweges, die Einblicke in die Gesellschaftsordnung des Mittelalters gibt. Von der Ruine öffnet sich ein schöner Blick auf die Ortschaft Seis und das Eisacktal. Die Mauerreste wetteifern mit der Santnerspitze, die dem Schlern vorgelagert ist. Ohne großen Höhenunterschied quert der Weg nun die bewaldeten Hänge.

Ein kurzer Abstecher zweigt rechts zu einem eisernen Geschichtenbuch ab, in dem allerlei sagenhafte Erzählungen gesammelt sind. Wenige Minuten später steht man unter dem mächtigen Felsblock, auf dem die **Ruine Hauenstein** thront. Auf seiner Rückseite steigt man zu den Mauern hinauf und genießt den Blick auf den Schlern und Seis, der bereits Oswald von Wolkenstein zu seinen Gesängen und Gedichten inspiriert haben dürfte. Am Fuß der Burg erzählen Tafeln über sein Leben.

Unterhalb des Felsklotzes setzt sich der Wolkenstein-Weg nach rechts fort. Zweigt man kurz darauf links

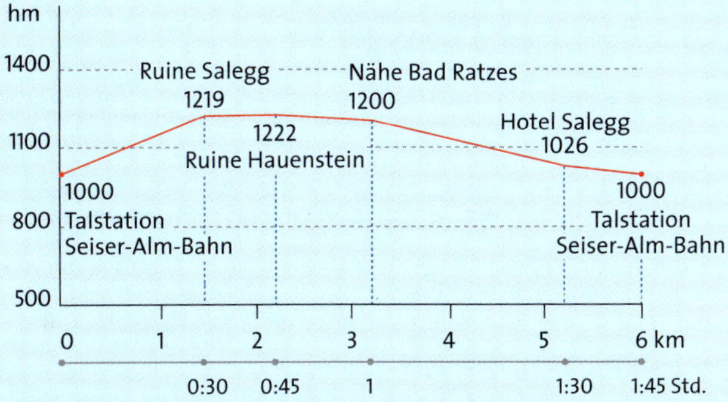

Tourenkarte Seite 67

Richtung „Seis" ab, bringt einen der Oswald-von-Wolkenstein-Weg in einer halben Stunde zum Hotel Salegg zurück. Hält man sich geradeaus Richtung „Bad Ratzes", trifft man auf einige weitere Stationen. Bei einer Forststraße endet der Oswald-von-Wolkenstein-Weg.

Rechts erreicht man in einem zehnminütigen Abstecher das Hotel **Bad Ratzes** mit einem großen Kinderspielplatz (keine Einkehrmöglichkeit). Wer noch in Wanderlaune ist, kann dort die Tour auf dem Geologensteig fortsetzen (s. Tour 12). Links zeigt der Wegweiser Richtung „Seis". Man gelangt zur Fahrstraße nach Bad Ratzes, verlässt sie aber gleich wieder links auf einem abkürzenden Weg, der an einem Weiher vorbeiführt.

Anschließend folgt man einige Meter der Straße, bis man in einer Rechtskehre links auf einen Forstweg abbiegt. Man trifft wieder auf den Oswald-von-Wolkenstein-Weg, hält sich dort geradeaus (Wegweiser „Ruine Salegg") und kehrt zurück zum **Hotel Salegg** und zur **Talstation der Seiser-Alm-Bahn**.

Auf dem Oswald-von-Wolkenstein-Weg trifft man auf Ritter und Burgfräulein.

15. Rund um Laranz

Königliche Ausblicke hoch über dem Eisacktal

Ausgangspunkt: Seis, 994 m, ausgeschilderter Parkplatz beim Kreisverkehr im Zentrum von Seis | **Charakter:** Leichte Wanderung auf breiten Wegen und wenig befahrenen Straßen. Kurze steile An- und Abstiege sind zu bewältigen | **Einkehr:** Hotel Rungg, Vigiler Heubadl | **Karte:** KOMPASS Nr. 59

GPS-Koordinaten/Ausgangspunkt: UTM = x: 696462 m Zone 32T = y: 5157799 m

Leicht | 11,75 km | 430 hm 430 hm | 3:30 Std.

Rund um die bewaldete Porphyrkuppe Laranz zwischen Kastelruth und Seis gibt es viel zu entdecken. Die Aussicht von der „Königswarte" schätzte bereits König Friedrich August von Sachsen bei seinen Aufenthalten in Seis. Die von Efeu überwucherte Ruine Aichach über dem tief eingeschnittenen Schwarzgriesbach beflügelt die Fantasie. Und in der Malenger Mühle am Frötschbach, die seit 1525 existiert, wird das Getreide wie anno dazumal gemahlen.

Vom Kreisverkehr in **Seis** folgt man der Hauptstraße Richtung Kastelruth, bis nach 300 m vor dem Salon Ilse ein Wanderweg nach Kastelruth abzweigt (Mark. 7). Er führt über die Wiesen bergauf und westlich am schön gelegenen Kirchlein **St. Valentin** vorbei zum Zatzerhof. Dort geht man links hinter der Scheune vorbei und auf der Hofzufahrt zur Straße Seis-Kastelruth. Man biegt links ein, zweigt jedoch nach 200 m bei einer Bushaltestelle wieder rechts ab und wandert auf dem asphaltierten Laranzweg am Schlosshotel Mirabell und am Hotel Rungg vorbei. Dabei tun sich herrliche Blicke auf Seis und den Schlern auf. Nach kurzer Steigung gelangt man geradeaus auf eine Forststraße (Mark. 5 und 5A), die aussichtsreich über Wiesen führt. Vor dem Anwesen Laranz steigt man rechts am Waldrand entlang bergauf und folgt schließlich dem Wegweiser „Königswarte, Rundweg Laranz" links in den Föhrenwald.

Ein bequemer Wanderweg führt an den Rand der Hochfläche zum Aussichtspunkt **Königswarte**, wo man auf das schluchtartige Eisacktal und das Plateau des Ritten blickt. Wenige Minuten nach der Königswarte mündet der Rundweg in einen breiten Waldweg. Rechts gelangt man nach 250 m zum „Pilzeweg" (Infotafel), ein Abstecher, der sich vor allem für Kinder lohnt. Der ein Kilometer lange verschlungene Waldpfad führt zu riesigen Holzmodellen von Pilzen und zu einer hölzernen Aussichtsplattform.

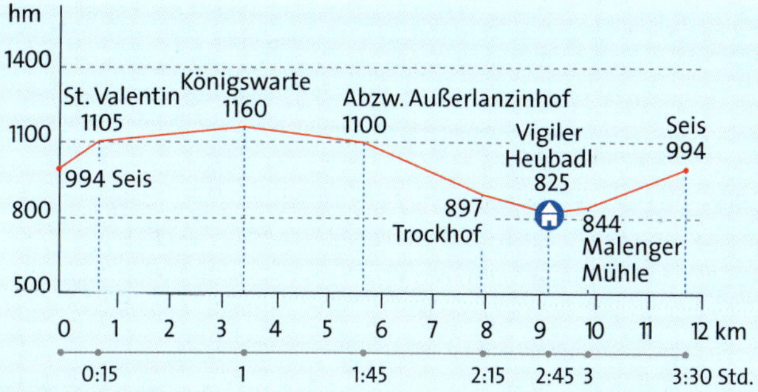

Unsere Wanderung setzt sich aber nach links fort und verläuft in leichtem Auf und Ab durch den Föhrenwald. Beim **Außerlanzinhof** biegt man scharf links in den Weg Richtung „St. Oswald" (Mark. 5) ein. Auf einem alten Pflasterweg geht es ziemlich steil über die bewaldeten Hänge des Laranzbühels bergab. Wieder auf Wiesen stößt man auf ein Sträßchen, dem man nach rechts am Maleidhof vorbei folgt. An der nächsten Verzweigung hält man sich links und kommt kurz ansteigend zum **Trockhof**. Nach dem Gebäude zweigt man rechts auf einen nicht bezeichneten Feldweg ab, der zum Pflegerhof, bekannt für biologischen Kräuteranbau, mit der Ruine Aichach hinunterführt.

Auf einer Asphaltstraße gelangt man anschließend zum Buschenschank **Vigiler Heubadl** und weiter zu einer Verzweigung. Folgt man links dem Schild nach Seis, kommt man kurz darauf zur **Malenger Mühle** (Mark. 7A). Anschließend steigt man auf einem Fußweg oberhalb des Frötschbachs bergauf. Eine Straße wird gekreuzt, dann geht es steiler zum Peterlunger Hof hinauf. Dort folgt man rechts der Beschilderung in den Seiser Ortskern. In **Seis** hält man sich links und geht dann rechts durch das Zentrum zurück zum Kreisverkehr und zum Parkplatz.

Unterhaltsamer Rundweg im Laranzerwald: der Pilzeweg.

16. Völser Weiher, 1056 m

Badevergnügen mit Schlernblick

Ausgangspunkt: Talstation der Seiser-Alm-Bahn, 1000 m, am südlichen Ortsrand von Seis, großer Parkplatz | **Charakter:** Kleine Wanderung mit geringem Höhenunterschied, bei der auch Kinder ihren Spaß haben. Großteils schattige Waldwege, deshalb auch an heißen Sommertagen möglich | **Einkehr:** Vigiler Hof, Gasthaus Völser Weiher, Hotel-Restaurant Waldsee | **Karte:** KOMPASS Nr. 59

GPS-Koordinaten/Ausgangspunkt: UTM = x: 696580 m Zone 32T = y: 5157243 m

Leicht | 6 km | 140 hm 280 hm | 2 Std.

Wenn unten im Tal brütende Hitze herrscht, verwandelt sich das Ufer des Völser Weihers in Klein-Rimini. Zu verdanken ist die wohltuende Erfrischung den Herren Völs-Colonna, die das Gewässer im 16. Jh. als Karpfenteich anlegten. Gespeist wird der kleine Waldsee von einer Quelle am Fuß des Schlern, auch Schlernblut genannt. Am Nordostufer erleichtern Stege den Zugang zum kühlen Nass. Der südliche Teil des Sees mit seinem Schilfgürtel ist als Biotop geschützt. Im Herbst, wenn Ruhe einkehrt und sich die Wände des Schlern im dunklen Wasser spiegeln, verwandelt sich der Weiher in ein besonderes Idyll. Wenige Minuten östlich des Völser Weihers schmiegt sich ein zweiter Teich in den Nadelwald. Der Huberweiher wurde zur Bewässerung angelegt und bietet ebenfalls schöne Landschaftsmotive. Baden ist dort nicht erlaubt.

Von der Zufahrt zur Talstation der **Seiser-Alm-Bahn** zweigt rechts ein Sträßchen ab, das flach durch den Wald zum **Hotel Salegg** führt. Man geht links am Hotelgebäude mit seiner verspielten Architektur vorbei und folgt dem Schild „Völser Weiher“. Ein breiter Waldweg schwenkt nach links und überquert den Weissenbach (Mark. 2). Anschließend leitet er leicht fallend durch ein dichtes Waldgebiet, die Vigiler Teilwälder am Fuß des Schlern. Dabei öffnen sich immer wieder Blicke auf die steilen Felsfluchten.

Nachdem man den Vergeser Graben überschritten hat, wandert man oberhalb des **Vigiler Hofs** vorbei und überquert einen weiteren Taleinschnitt, den Strassergraben. Nun steigt der Weg etwas an, führt über die Tschurtschwiese und erreicht das Ufer des **Völser Weihers**. Links laden Kiosk und Steg zum Baden ein, rechts der Gasthof Völser Weiher zur Einkehr. Geht man am Wirtshaus vorbei und am Westufer entlang, hat man den schönsten Blick auf die Felsbastion des Schlern.

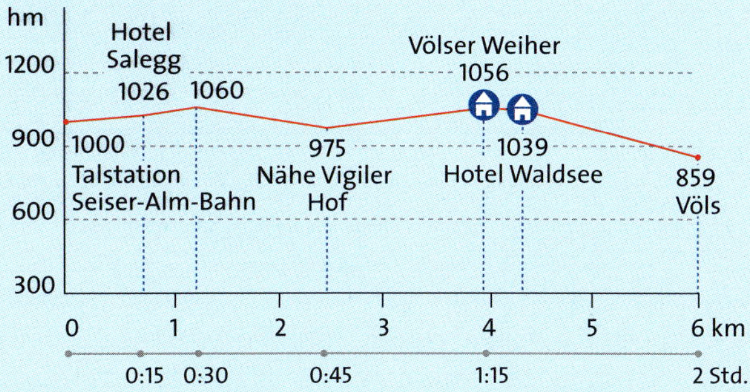

Am südwestlichen Ende des Sees, auf Höhe des **Hotel-Restaurants Waldsee**, leitet ein breiter Weg nach Südwesten Richtung „Völs“ hinab (Mark. 1). Er führt auf der rechten Seite eines Wiesentälchens entlang und trifft bei den Höfen von Obervöls auf ein Sträßchen. Am Ansitz Zimmerlehen vorbei steigt man über herrliche Wiesenlandschaft bergab und genießt den Blick über Völs hinweg auf den Bozener Talkessel.

Immer der Markierung 1 folgend trifft man beim Hotel Heubad auf die Straße nach Ums und geht rechts zum Kreisverkehr in **Völs**, wo sich die Haltestelle für den Bus nach Seis befindet.

Einer der saubersten Badeseen Italiens: der Völser Weiher.

Grafegger
Törggele
St.Oswald
S. Osvaldo
Unter-
-Tschötsch
672
Ober-
Tschötscher Hof
Maleid
Laranzbühl
Laranzwald
Selva di Lar
Laranz
Gschneil
St.Oswald
Königswarte
1191
Bühler
Plan
Trock
Weidacher
Schwarzsand
Himmelreich
Laranze
961
St.Andreas
S. Andrea
Antlas
Zuner
790
Pflegerhof
Pitz
Schmiedl
Zerod
12
Platzgummer
Aichach
Galleria ferroviaria
Purtschied
Kampedell
A22
E45
Felder Wald
Faller
Groter
Örtl
Pfarrmoos
Serbatolo
St.Konstantin
S. Costantino
914
St. Vigil
S. Vigilio
Platzgummer Wald
Perwanger
St.Konstantin
Wegiser
Tilde
Camping
"Seiser Alm"
Kaschelz
Schlern
Runk
Vigiler
Aichnerhof
Waldrast
(Penz)
Stangler
Salmseiner
Gschlieder
Miramonti
Anton
Völser Ried
Novale di Fié
Gflierer Weiher
Laghetto Gflierer
St. Anton
S. Antonio
Völser Weiher
1056
Völser Weiher
L.tto di Fie
Jogwiese
St.Anton
Wolfgang
Huber Weiher
L.tto sup.
Schaller
Waldsee
Tuffrain
Völs
am Schlern
Fiè
allo Sciliar
16
Tuffalm
1274
Tuffalm
Kreiter
Flora
Ohr
Obervöls
Fiè di Sopra
Hof
Moarmühle
Völser B.
Untervöls
Fiè di Sotto
Tasiol
Ebner
Wiesen
0
350 m

KOMPASS

Oberlanzin
Reiterhof
Unterlanzin
Telfen
1081
Pestkreuz
1292
Pamoar
Fuchslocher
Pedatsch
St. Valentin
S. Valentino
1193
Ransoler
Pscheuer
Tröbinger
Wiedner
1074
Pluner
Kamaun
Falentor
St. Valentin
S. Valentino
Mutz
Rungg
Mirabell
1119
Bauernmus.
Erika
Trotz-
stube
Ibsen
1095
Seis
Siusi
994
am Schlern
allo Sciliar
Sonne
Grunser
Frötschbach
R. Freddo
16
Korbele
Gstatsch
1460
Santner's
Baumann
Salegg
Castel Salego
1219
R. Hauenstein
Rov. di Hauenstein
Bad Ratzes
Bagni di Ra
1212
Hof
Hauensteiner Wald
Vigiler Teilwälder
Selva di S. Vigilio
Vergeser Graben
Wildstand
R. Freddo
Santner
(Santner Spitze)
2413
2394
Aichner
Wald
Euringer
Santner Kanzele
Schlernböde
hütte
1726
Seise Klamm
2476
Burgstall
2515 M. Castello
Gabels-Mull
2389
Gruben
2283
Jungschlern
Picc. Sciliar
Schlern
Sciliar
2448
2563
Petz
M. Pez
Schlern
Altopia

1:35 000

17. Hoferalpl, 1340 m und Tuffalm, 1274 m

Gaumenfreuden am Fuß des Schlern

Ausgangspunkt: Ums, 932 m, Parkplatz bei der Kirche. Bus von Seis und Völs | **Charakter:** Abwechslungsreiche Rundtour auf guten Bergwegen, etwas steilerer Anstieg zum Hoferalpl
Einkehr: Hoferalpl, Tuffalm, Gasthäuser am Völser Weiher
Karte: KOMPASS Nr. 59

GPS-Koordinaten/Ausgangspunkt: UTM = x: 693249 m Zone 32T = y: 5153144 m

Leicht | 7,25 km | 460 hm / 460 hm | 3 Std.

Die beiden Almen über der Hochfläche von Völs sind der richtige Ort, um die Zeit zu vergessen. Man rückt den imposanten Felsmauern von Schlern und Hammerwand ganz nahe und genießt unvergleichliche Fernblicke bis zum Felsmassiv der Brenta und den Firngipfeln der Ötztaler und der Ortleralpen. Da schmeckt die Südtiroler Küche gleich doppelt gut. Für Abkühlung sorgt der Völser Weiher, der zu einem Bad mit Schlernblick lockt.

Bei der Kirche in **Ums** wandert man auf dem Sträßchen Richtung „Hoferalpl, Tuffalm“, zweigt kurz darauf links ab und folgt einigen Kehren bergauf, bis rechts ein schmaler Pfad Richtung „Hoferalpl, Schlern“ beginnt (Mark. 3). Er schneidet noch einmal die Fahrstraße und führt oberhalb eines Hofs zu einer Verzweigung. Dort geht man rechts zum Waldrand und steigt eine gute halbe Stunde ziemlich steil durch den Wald bergauf. Dann kann man auf der Terrasse des **Hoferalpls** die Beine ausschütteln und über ein großartiges Panorama staunen. Anschließend geht man auf breitem Weg hinauf zu einer Forststraße und folgt ihr nach links, bis nach 50 m rechts ein Fußweg Richtung „Tuffalm, Völser Weiher“ abzweigt. Er mündet in den breiten Anstiegsweg zum Schlern (Mark. 1).

Unter den Felsabbrüchen des Schlernmassivs entlang wandert man nach Norden, quert den Völser Bach und kommt schließlich zur **Tuffalm**, die aussichtsreich auf einem Wiesenplateau liegt. Noch vor der Almhütte weist links ein Schild zum Völser Weiher (Mark. 1). Ein breiter, teils mit Steinen gepflasterter Wanderweg schlängelt sich durch den Wald hinab und trifft auf die Schotterstraße zur Tuffalm. Man kommt am Huberweiher vorbei und zweigt nach

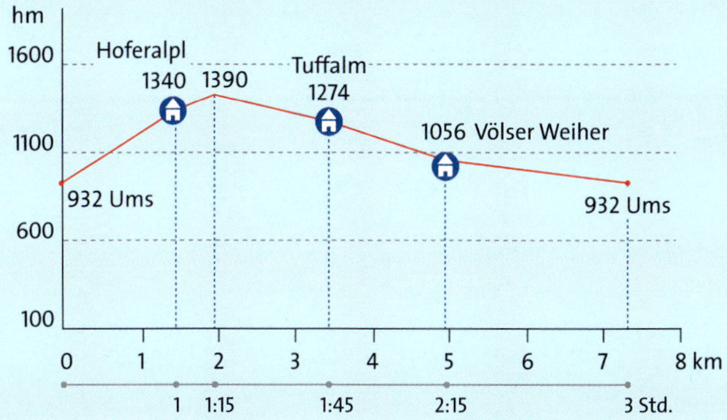

300 m vor einer Schranke links Richtung „Ums“ ab (Mark. 2).

Zum **Völser Weiher** sind es von hier nur wenige Minuten: Man passiert die Schranke und geht rechts. Nach Ums wandert man auf einem Fitness-Parcours zunächst flach dahin und folgt nach knapp 10 Min. einem Fußweg rechts durch ein waldiges Bachtälchen bergab. Bei einer Rastbank wendet sich der Weg nach links und geht das Tal des Völser Bachs aus. Nach der Brücke biegt man rechts in einen Forstweg ein, verlässt ihn aber bereits nach 100 m wieder links auf einem Fußweg. Wenig später spaziert man über freie Wiesen und lässt noch einmal die herrlichen Ausblicke auf sich wirken. Bei einem Hof trifft man auf die Straße und wandert links in 10 Min. zurück nach **Ums**.

Sonniger Rastplatz unter dem Schlern: die Tuffalm.

KOMPASS

0 350 m

Perwanger
St.Konstantin
S. Vigilio
Wegiser
Camping "Seiser Alm"
Huaber-hof
Kaschelz
Salegg Castel Saleg 1219
Schlern
Runk
Vigiler Hof
Stangler
Gschlieder
Miramonti
Vigiler Teilwälder Selva di S. Vigilio
Vergeser Graben
Wildstand
Gflierer Weiher Laghetto Gflierer
Völser Weiher 1056
Völser Weiher L.tto di Fiè
Jogwiese
Aichner Wald
Huber Weiher L.tto sup.
Waldsee
Tuffrain
Tuffalm 1274
Tuffalm
Kreiter
Gruben
Gabels-Mu 2389
Völser B.
2283
Jungschlern Picc. Sciliar
Moarmühle
Ebner
Pramar Wiesen
Wiesslahn
1569
Haidegger
Hofer Alpl 1364
Bühler
Langrainer
Violer
Schlernbach
Mongadui Flötz
Holztal
Schmelzwiese
Schwarzbach
Hammerwand
1985
2128
2183
Mittagsk
2187
Tschafonwiese
Tschafonleger
2136
Nigglberg
17

18. Schlernhaus, 2450 m, vom Völser Weiher

Unterwegs auf Schäufelesteig und Prügelweg

Ausgangspunkt: Völser Weiher, 1056 m, zu erreichen von St. Anton 0,7 km nördlich von Völs, auf ausgeschilderter Fahrstraße. (Gebührenpfl.) Parkplatz am Ende der Straße. Bus von Völs | **Charakter:** Steiler, anstrengender Anstieg auf dem Schäufelesteig, teils etwas ausgesetzt, gute Trittsicherheit erforderlich. Einfacher ist der Abstieg auf dem Prügelweg. Nur für Wanderer mit guter Kondition – 1400 Hm! | **Einkehr:** Hotel-Restaurant Waldrast, Ghs. Völser Weiher, Tuffalm, Schlernhaus, Sesselschwaige | **Karte:** KOMPASS Nr. 59

GPS-Koordinaten/Ausgangspunkt: UTM = x: 693077 m Zone 32T = y: 5154987 m

Mittel | 15,25 km | 1400 hm / 1400 hm | 7:15 Std.

Die Wege auf den Schlern von der Völser Seite sind lang und reich an Höhenmetern, doch landschaftlich nicht weniger interessant als der beliebte Touristensteig von der Seiser Alm und zudem weniger überlaufen. Im Zick-Zack schraubt sich der Schäufelesteig über die steilen Hänge nach oben. Beeindruckende Nahblicke und großartige Fernsicht entschädigen für die Aufstiegsmühen. Der Prügelweg, auch Knüppelweg genannt, erschließt mit Stegen aus Baumstämmen die wildromantische Schlernschlucht und garantiert einen abwechslungsreichen Abstieg. Krönender Abschluss der Tour ist ein kühles Bier mit Panoramablick auf der Tuffalm und ein erfrischender Sprung in den Völser Weiher.

Der **Völser Weiher** ist vom Parkplatz nur wenige Minuten entfernt. Die Forststraße führt anschließend am Huberweiher vorbei und zur Abzweigung des Wanderweges Richtung Tuffalm. Ihm folgt man teilweise etwas steil durch den Wald bergauf und kommt zur **Tuffalm**, die auf einem Wiesenplateau unter den Felsabstürzen des Schlern thront. Unterhalb der Hütte zeigt der Wegweiser „Schlern, Hoferalpl" nach rechts über die Weide zum Waldrand (Mark. 1).

Ein breiter steiniger Wanderweg steigt mäßig steil über die bewaldeten Hänge unter den Schlernwänden an, überquert den Völser Bach und leitet südlich, an einer Abzweigung zum Hoferalpl vorbei, zur Talstation einer Materialseilbahn. Auch dort lässt man den Weg zum Hoferalpl rechts liegen und zweigt nach ca. 200 m links auf einen Steig ab (Mark. 1). Er quert die steilen Hänge über dem Schlerngraben und trifft nach kurzem Abstieg mit ei-

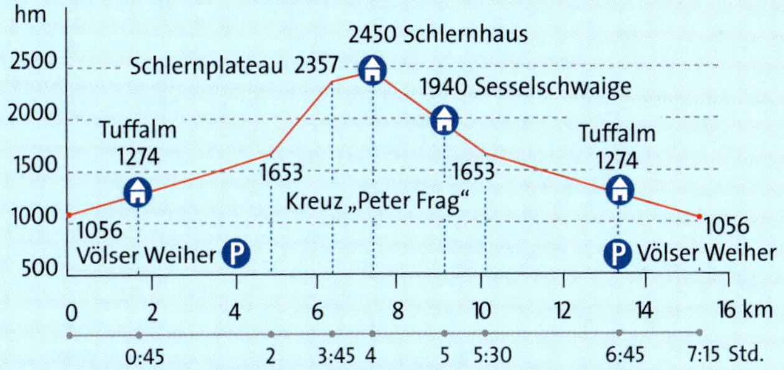

nem von rechts heraufführenden Weg zusammen. Kurz darauf gelangt man zum Schlernbach und zum Eingang der Schlucht mit dem Holzkreuz und Rastplatz „**Peter Frag**“. Links beginnt der Schäufelesteig, dessen Kehren sich steil bergauf winden (Mark. 3). Zunächst verläuft der schmale Pfad noch im Wald, später über freies, teils mit Latschen bewachsenes Gelände, das mit immer umfassenderen Ausblicken belohnt. Ein Felsvorsprung wird links umgangen, anschließend lehnen sich die Hänge immer mehr zurück. Man hat das Schlernplateau erreicht und wandert nach Osten zur verdienten Rast auf dem **Schlernhaus**. Es lohnt sich, noch einmal Kräfte zu mobilisieren und zum höchsten Punkt der Hochfläche, dem Petz (2563 m) nördlich der Hütte, aufzusteigen. Ein Bergweg führt in 20 Min. zu diesem traumhaften Aussichtspunkt hinauf. Vom Schlernhaus fällt Weg Nr. 1 Richtung Sesselschwaige sanft über die Wiesen des Plateaus nach Süden ab. Das Kirchlein St. Kassian lässt man links liegen und steigt steil in ein Tal hinunter, das sich in die Südflanke des Schlern schneidet. Dort wendet sich der Steig nach links zur **Sesselschwaige** (zur Weidezeit bewirtschaftet).

Dann wird es noch einmal spannend: Bei der Almhütte hält man sich rechts und folgt dem Prügelweg durch die von steilen Hängen eingerahmte Schlernschlucht. Beim Wegkreuz „**Peter Frag**“ trifft man wieder auf den Anstiegsweg und kehrt zum **Völser Weiher** zurück.

Gemütlicher Auftakt: die Wiesen der Tuffalm.

KOMPASS

0 350 m

Bad Ratzes
Bagni di Razzes
1212
1219
Hauensteiner Wald
Vigiler Teilwälder
Selva di S. Vigilio
Wildstand
Aichner
Wald
Santner
(Santner Spitze)
2413
2394
Euringer
Santner Kanzele
2476
Burgstall
2515 M. Castello
Schlernbödele-
hütte
1726
Gabels-Mull
2389
Seiser Klamm
Gruben
2283
Jungschlern
Picc. Sciliar
Petz
2563 M. Pez
Schlern
Sciliar
2448
Schlern Hoch
Altopiano dello
Schlernhaus
Rif. Bolzano
Lettenhütte
(AVS)
2450
Aichner S
2303
St. Kassian
S. Cassiano
18
Tschafatsch
2235
Holztal
Sesselschwaige
Malga Sessel
1940
Tschafatsch Sattel
2070
2183
Mittagskofl
2187
2136
Nigglberg
Weißlahn
Ortentalegg
Jungbrunntal
2044
Tschamintal
Valle di T
Tschamin Wald

19. Oachner Höfeweg

Südtirol wie aus dem Bilderbuch

Ausgangspunkt: Schloss Prösels, 856 m, von Völs über Ums nach Prösels. Parkplatz unterhalb der Burg. Busverbindung von Seis und Völs | **Charakter:** Gut markierte Wanderung, die auch für weniger Geübte geeignet ist. Einige Anstiege sind allerdings zurückzulegen. An heißen Sommertagen nicht zu empfehlen
Einkehr: Buschenschank Gmoanerhof und Fronthof
Karte: KOMPASS Nr. 59
GPS-Koordinaten/Ausgangspunkt: UTM = x: 691636 m Zone 32T = y: 5153025 m

Leicht | 10,25 km | 390 hm 390 hm | 4:45 Std.

Bis an den Rand der Völser Hochfläche, die steil ins Tierser und ins Etschtal abbricht, haben sich die Bauern mit ihren Höfen vorgewagt und der Natur Kulturland abgetrotzt. Der Oachner Höfeweg führt durch dieses abwechslungsreiche Bauernland mit alten Höfen und Buschenschanken, Weinbergen, Kastanienhainen und Obstfeldern – für viele der Inbegriff Südtirols. Eine Broschüre zum Höfeweg ist bei den Tourismusvereinen der Region erhältlich.

Beim Parkplatz von **Schloss Prösels** (Besichtigung nur mit Führung) folgt man dem Schild „Oachner Höfeweg" und wandert auf einem Wirtschaftsweg westlich flach am Hang entlang. Bei den folgenden Verzweigungen hält man sich jeweils links, kommt am ehemaligen „Wirtskellers" vorbei, der als natürlicher „Kühlschrank" genutzt wurde, und steigt rechts durch den Wald bergab zum **Flungerhof** mit großer Scheune. Der Höfeweg leitet unter der Straße nach Völser Aicha hindurch und führt hoch über dem Eisacktal durch schönen Laubwald. Auf einem Teersträßchen geht man kurz links, zweigt aber nach wenigen Metern beim Tommele (Mitterpsennerhof) scharf rechts ab. Über eine Wiese und durch Wald stößt man auf die Zufahrt zum **Gmoanerhof**, einem Buschenschank am südwestlichsten Eck der Völser Hochfläche.

Anschließend folgt man der Schotterstraße kurz bergab und biegt links auf einen Fußweg ein. Nun wandert man hoch über dem tief eingeschnittenen Tierser Tal und hat die Zackenkulisse des Rosengartens immer im Blick. Nachdem man Prackfolerhof und **Gstatschhof** passiert hat, wandert man durch schöne Südtiroler Kulturlandschaft. Dabei achtet man immer auf die Wegweiser. Beim Zoarhof trifft man wieder auf die Stra-

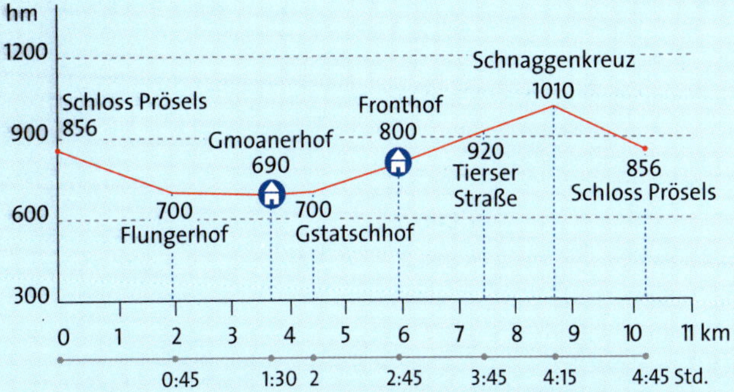

ße und steigt zu zwei besonders alten Höfen hinauf. Der Buschenschank **Fronthof** ist das größte, aus gotischer Zeit erhaltene Gehöft Südtirols. Wenige Minuten später kommt man zum ebenfalls denkmalgeschützten Fingerhof. Zwischen den beiden Gebäuden zweigt ein Weg nach Völser Aicha ab (Schild „Oachner Wirt 10 min"), von wo ein Bus zurück nach Prösels verkehrt.

Der Höfeweg führt nun in den Graben des Lausbachs hinab, über eine kleine Hängebrücke und jenseits bergauf zu einer Straße. Man folgt ihr ansteigend durch eine Linkskurve und geht bei einer Straßenteilung rechts zur **Tierser Straße** (links zur Bushaltestelle in Völser Aicha). Auf der gegenüber liegenden Straßenseite setzt sich der Höfeweg rechts auf einem Waldweg nach St. Katherina fort.

Um zum Ausgangspunkt zurückzukehren, geht man aber links und an der folgenden Kreuzung geradeaus Richtung „Prösels" (Mark. 5). Über Lärchenwiesen erreicht man leicht ansteigend das hölzerne „**Schnaggenkreuz**", Wegekreuz und schöner Aussichtspunkt auf Völs und das Schlernmassiv. Vor dem großen Wegweiser wählt man links den Waldweg nach Prösels (Mark. 5). In der kleinen Ortschaft geht man links zur Straße nach Völs und zurück zum Parkplatz bei **Schloss Prösels**.

Alte Bauernhöfe und stattliche Scheunen sind auf dem Oachner Höfeweg zu bewundern.

Stadler
Tasenegger
847
835
Unter-
Eggerer
Rippen
Le Coste
Pernegg
Eisinger
Steg
Völsersteg
342
Erfrischungs-
stelle
Besserer
425
Gump
Torggler
Marx
St. Peter
Ohr
Völser Hof
Jager
Betlehem
Untervöls
Fiè di Sotto
Grafoar
Knieberg
Dosser
Riefer
Schl. Prösels
Cast. Presule
856
19
Faust
Mioler
Hofer
Prösler Hof
Prösels
Presule
Morod
Bohnwald
Oberaicha
Aica di Sopra
Via Alpina-
Busverbindung
Tiers-Bozen
Via Alpina-
Busverb.
Tiers-Bozen
Mitterpsenner
Tommeler
Prackfoler
933
Masoner
Völser Aicha
Aica di Fié
1032
1010
Schnagger
Laitnkeller
Innerperskol
Eichenheim
Oachner Wirt
Fronthof
Zoar Hof
Mair
Blasi
Schroll
722
Gschlier
Zaflun
Kompatscher
1056
Raffein
840
Pstosser
Oberwirt
Steinegger Hof
Gartler
Dosser
955
Höller
Heigler
Gamper Höfe
Runger Höfe
Erdpyramiden
Piramidi di terra
Rautner
Oberpatigl
Halbweg
Zollwirt
St. Katherina
S. Caterina
Vieid
970
Edelweiß
Furn
Lantsch
Gschloar
Unterpas
Breien
Brié
Ganne
Glöf
Oberpas
Platz
Waldhexe
Fuchs
1103
Fuchshof
Rasch
798

0 350 m

Haidegger
Hofer Alpl
1364
Kircher
Hochrainer
Ums
Umes
Bühler
932
Moroder
Langrainer
Violer
Mongadui
Flötz
Schmelzwiese
1010
Schnaggenkreuz
Hammerw
1176
Falzun
Tschafonwiese
1985
20
Tschafonleger
Mongadui
Schönblick
1193
Völsegg-Sp.
1834
Tschafon
Tschafonhütte
Rif. Tschafon
1733
1776
Hohe
Wuhnkopf
1733
Oberpatigl
Völsegger Bild
Tschafonwände
Pagga
Völsegg
Völsegg
1376
Wuhnleger
Ganne
Roderer
1402
St. Sebastian
S. Sebastiano
Saltner Bühl
Braunegg
Via Alpina-
Busverb.
Tiers-Bozen
Edemhaus
Wuhnwald
Thaler
Pagun
Patissenhof
Platschgol
Ratschigler
Voit
Rose
Edelweiß
Tiers
Tires
Laurin
Pattis
Pfeifer
1020
Waldras
Spinusermühl
Grutz
Prader Sä
983
Breibach
Weggen
Zefall
Goflmorter
Schwaige
1187
Pitscheid
1200

20. Tschafonhütte, 1733 m und Völseggspitze, 1834 m

Familiäres Berghaus und großartige Aussichtsloge

Ausgangspunkt: Ghs. Schönblick, 1193 m, über dem Tierser Tal. Von Völs in Richtung Tiers , von der Tierser Straße zwischen Völser Aicha und St. Katherina nach einem Tunnel links abzweigen (Schild „Schönblick“). Nun immer links bis zum Parkplatz in der Kehre unterhalb des Gasthofs | **Charakter:** Rundwanderung auf guten Bergwegen. Steiler Waldanstieg zur Tschafonhütte | **Einkehr:** Ghs. Schönblick, Tschafonhütte | **Karte:** KOMPASS Nr. 59

GPS-Koordinaten/Ausgangspunkt: UTM = x: 692544 m Zone 32T = y: 5151493 m

Leicht | 8 km | 730 hm / 730 hm | 3:15 Std.

Auf der Tschafonhütte fühlt man sich sofort wohl. Das kleine Berghaus im Tschafonsattel zwischen Ums und Tiers hat einen ganz eigenen Charme. Das ist den gastfreundlichen Wirtsleuten, die das 1912 erbaute Schutzhaus seit bald dreißig Jahren bewirtschaften, zu verdanken. Auch der „Hausberg“ der Tschafonhütte, die Völseggspitze, ist ein besonderer Logenplatz. Man kann sich kaum satt sehen am bunten Mosaik des Eisacktals und der Völser Hochfläche, an den Zacken von Rosengarten und Latemar und an den glänzenden Gletschern des Alpenhauptkamms. Satt essen ist auf der Tschafonhütte kein Problem: Josef Lunger und seine Familie tischen manches Schmankerl auf. Salat und Gemüse wächst sogar im hütteneigenen Garten.

Vom Parkplatz geht man auf der Fahrstraße zum **Gasthaus Schönblick**, passiert dort links ein Weidegatter und folgt dem breiten Güterweg Richtung „Tschafon“. Nach 15 Min. zweigt man rechts ab und steigt, bald auf einem schmalen Wanderweg, über die bewaldete Nordseite der Völseggspitze mäßig steil bergauf (Mark. 7A). Der Weg mündet in den Steig, der von Ums heraufkommt, und führt steiler durch den Wald bergan. Bei kreuzenden Wegen hält man sich jeweils geradeaus und erreicht schließlich die Lichtung mit der **Tschafonhütte**. Bei der Hütte beginnt der Weg zur **Völseggspitze**. Er führt zuerst flach durch den Wald und erklimmt dann steil den Gipfelaufschwung. Hat man sich dann von der eindrucksvollen Aussicht losgerissen, lockt das gemütliche Berghaus zur Einkehr.

Für den Abstieg hält man sich auf der Lichtung vor der Hütte rechts

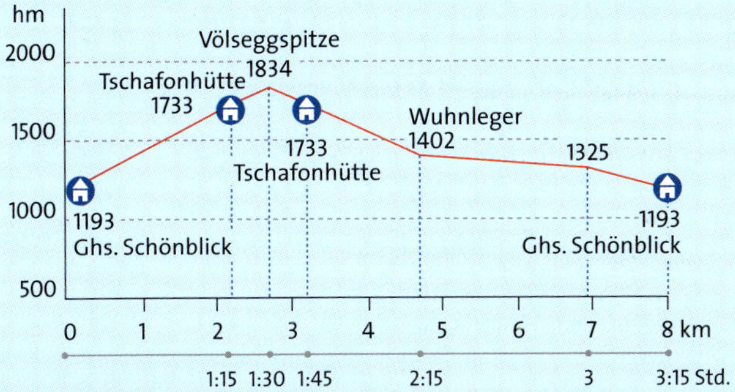

Tourenkarte Seite 89

und folgt dem Fußweg durch Kiefernwald bergab. Er quert die Hänge oberhalb des Tierser Tals mit schönen Ausblicken auf Rosengarten und Latemar und leitet hinunter auf die schönen Lärchenwiesen des **Wuhnlegers**. In einem kleinen Weiher steht dort die zackige Silhouette des Rosengarten Kopf – ein beliebtes Fotomotiv.

Man biegt rechts (westlich) in einen Fahrweg ein und geht bald am Linksabzweig zum St. Sebastians-Kirchlein vorbei. Nach einem Gatter steigt man auf einem Waldweg einige Kehren bergab und erreicht anschließend flach den Bildstock von Völsegg. Dort wendet sich der Weg nach rechts und quert die steilen Waldhänge.

Noch einmal muss ein kurzer Gegenanstieg bewältigt werden, dann fällt der Weg zum **Gasthaus Schönblick** ab.

Panoramaplatz über der Völser Hochfläche: die Völseggspitze.

21. Über Schlern, 2450 m und Hammerwand, 2128 m

In 1 1/2 Tagen von der Seiser Alm nach Tiers

Ausgangspunkt: Bergstation der Seiser-Alm-Bahn, 1844 m, in Kompatsch. Talstation mit großem Parkplatz am südl. Ortsrand von Seis | **Charakter:** Landschaftlich großartige 1 1/2-Tagestour (Übernachtung Schlernhaus), von ausdauernden Wanderern auch als Tagestour zu bewältigen. Größtenteils gute, unschwierige Bergwege, nur die Kammüberschreitung zur Hammerwand ist stellenweise ausgesetzt und mit Drahtseilen gesichert, Trittsicherheit und Schwindelfreiheit erforderlich. Steiler Abstieg zur Tschafonhütte | **Einkehr:** Saltnerhütte, Schlernhaus, Tschafonhütte
Karte: KOMPASS Nr. 59

GPS-Koordinaten/Ausgangspunkt: UTM = x: 700665 m Zone 32T = y: 5157640 m

Schwer | 18 km | 910 hm / 1740 hm | 8:30 Std.

Vom Tal aus betrachtet sind Schlern und Hammerwand schroffe Felskolosse. Wen reizt es nicht, einmal dort oben zu stehen? Auf einer Tour von der Seiser Alm nach Tiers wandert man einmal quer über das Schlernmassiv und erlebt ein reiches Kontrastprogramm: ein genussvoller Einstieg über die weiten Böden der Seiser Alm, eine unvergessliche Übernachtung auf einem prominenten Aussichtsberg und eine unterhaltsame Gratüberschreitung mit einigen Drahtseileinlagen.

Von der Seilbahn-Bergstation in **Kompatsch** steigt man wie bei Tour 10 über Saltner Hütte und Touristensteig zum **Schlernhaus** auf, wo man in aller Ruhe Aussicht und Sonnenuntergang genießen kann. Am nächsten Tag folgt man Weg Nr. 2 südöstlich über das Schlernplateau hinab, lässt das St. Kassian-Kirchlein rechts liegen und wandert in einigen Kehren in das Tal des **Schlernbachs** hinab. Dort führt der Weg zunächst im Talgrund talauswärts und quert dann ohne großen Höhenunterschied die Nordwesthänge des Tschafatsch. Man trifft auf Steig Nr. 9 und gelangt links zum grasigen Tschafatschsattel. Dort kommt der Weg durch die Bärenfalle herauf (steile Abstiegsmöglichkeit nach Weißlahnbad, 1,5 Std.). Man folgt dem Kamm nach Westen Richtung „Tschafonhütte" (Mark. 9) und steigt durch Latschen und über abschüssige Hänge zu seinem höchsten Punkt, dem **Mittagskofel**, an. Der Pfad führt wei-

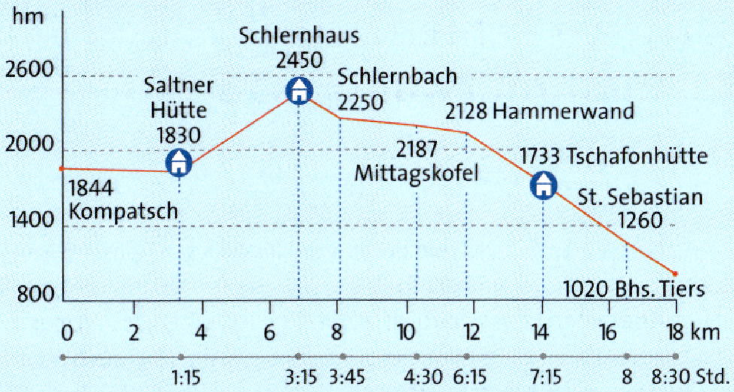

terhin am Kamm entlang und leitet einige Male auch in seine Nordseite. Einige felsige Passagen, teils mit Drahtseilen gesichert, müssen überwunden werden. In einigem Auf und Ab erreicht man schließlich die Latschenkuppe des Nigglbergs.

Nun geht es westlich hinab in eine Scharte. Jenseits kann man der **Hammerwand** einen Besuch abstatten: Ein kurzer Anstieg über felsiges Gelände führt zum höchsten Punkt hinauf. Das Kreuz steht etwas tiefer auf einer Aussichtskanzel.

Von der Scharte steigt man südwärts in Kehren durch eine mit Latschen bewachsene Rinne hinab, wendet sich unterhalb der schrofigen Abbrüche der Hammerwand nach rechts zu einem Sattel und wandert beinahe eben zur gemütlichen **Tschafonhütte**. Auf der Lichtung vor dem kleinen Berghaus beginnt ein Fußweg, der südöstlich über die Waldhänge zu den Almwiesen des Wuhnlegers hinabführt (Mark. 4A). Das Spiegelbild des Rosengarten in einem kleinen Weiher ist dort noch einmal ein fotografisches Highlight. Man folgt dem Fahrweg nach rechts (nach Westen) und zweigt bald links zum **St. Sebastians-Kirchlein** ab. Von der Kapelle steigt man auf dem steilen Kreuzweg in Kehren bergab (Mark. 4), kreuzt einen quer verlaufenden Wanderweg und wandert steil in einem bewaldeten Graben zu einer Straße hinunter, die einen nach **Tiers** bringt.

An der Hauptstraße gelangt man links zur Haltestelle für den Bus zurück nach Seis.

Schlernhaus mit Rosengarten.

St. Andreas
S. Andrea
Zuner
790
Pflegerhof
Himmelreich
Laranzer
Rungg
Mirabell
1119
Schmiedl
Zerod
Bauernmus.
Erika
Trotz-stube
Ibsen
1095
Seis am Schlern
Siusi allo Sciliar
994
Platzgummer
Aichach
Purtschied
Kampedell
Sonne
Korb
Galleria ferroviaria
A22
E45
12
Platzgummer Wald
Felder
Faller
St. Konstantin
S. Costantino
914
Perwanger
St. Konstantin
Groter
Örtl
St. Vigil
S. Vigilio
Santner's
Baumann
Tilde
Kaschelz
Wegiser
Camping "Seiser Alm"
Huaber-hof
Salegg
Castel Salegg
1219
R. Hauenstein
Rov. di Hauenstein
Hauensteiner Wald
Aichnerhof
Waldrast (Penz)
Anton
Stangler
Salmseiner
Schlern
Runk
Vigiler Hof
Gschlieder
Miramonti
Vergeser Graben
Vigiler Teilwälder
Selva di S. Vigilio
Wildstand
Völser Ried
Novale di Fiè
St. Anton
S. Antonio
Gillerer Weiher
Laghetto Gillerer
Völser Weiher
1056
Völser Weiher
L.tto di Fiè
Jogwiese
Aichner Wald
Santner
(Santner Spitze)
2413
2394
Euringer
Santner Kanzele
2476
Burgstall
2515 M. Castello
St. Anton
Wolfgang
Huber Weiher
L.tto sup.
Schaller
Völs am Schlern
Fiè allo Sciliar
Waldsee
Tuffrain
Tuffalm
1274
Tuffalm
Seiser Klamm
Gabels-Mull
2389
Kreiter
Flora
Ohr
Obervöls
Fiè di Sopra
Gruben
2283
Jungschlern
Picc. Sciliar
Moarmühle
Untervöls
Fiè di Sotto
Tasiol
Völser B.
Schlern
Sciliar
2448
2563
Petz
M. Pez
Ebner
Peternoder
Pramar Wiesen
Wiesiahn
1569
Schlernhaus
Rif. Bolzano
2450
Haidegger
Hochrainer
Kircher
Ums
Umes
932
Bühler
Hofer Alpl
1364
St. Kass.
S. Gassia
Moroder
Langrainer
Violer
Schlernbach
Mongadui
Flötz
Holztal
Tscha
Sesselschwaige
Malga Sessel
1940
21
1010
Schnaggenkreuz
Schmelzwiese
Hammerwand
Tschafatsch Sattel
2070
2183
Mittagskofl
1176
Falzun
Tschafonwiese
Tschafonleger
1985
2128
2136
Nigglberg
2187
Weißlahntal
Bärenfalle
Ortentalegg
Mongadui
Schönblick
1193
Völsegg-Sp.
1834
Tschafon
Mccavone
21
Tschafonhütte
Rif. Tschafon
1776
Hoher Stand
Wuhnkopf
1733
Naturparkhaus
Centro Visite del Parco Naturale
Schnaggen
Kesselspitz
Oberpatigl
Katherina
Caterina
Völsegger Bild
Tschafonwände
1733
1482
Paggadui
Tschamin-Schwaige
1698
Völsegg
Völsegg
Ganne
Roderer
1376
Wuhnleger
Ochsenboden
Enzian
1180
Pine
Weißlahnbad
Lavina Bianca
Dosswiesen
Platz
Braunegg
St. Sebastian
S. Sebastiano
Saltner Bühl
1402
Panorama
St. Zyprian
S. Cipriano
Psenner
Traunwiesen
Via Alpina
Busverb.
Tiers-Bozen
Edemhaus
Thaler
Pagun
Wuhnwald
St. Zyprian
S. Cipriano
Dosses
Cyprianerhof
Platschgol
Ratschigler
Voit
Patissenhof
Gliner
Ploner
Runggun
Rose
Edelweiß
Tiers
Tires
1020
Laurin
Pattis
Gemäuer
Stofflmühl
Purgametsch
Pfeifer
Spinusermühl
Waldrast
Buselin Eck
1655
Prader Säge
983
Grutz
Weggen
Val
Tires

0 625 m

Index

Aufgrund der Tourlänge Maßstab 1 : 62 500